dtv

»... alles im schönen Gleichgewicht von griffiger Information und eingängiger Leseunterhaltung ...«
Hannoversche Allgemeine, Kassel

»Die Essays bieten interessante Momentaufnahmen geschichtlicher Ereignisse oder Entwicklungen.«
Gewerkschaft Erziehung und Wissenschaft

»... für die Lehrerschaft könnte es ein böses Erwachen geben, wenn die Schüler während des Unterrichts heimlich unter der Bank darin lesen.«
Der Bund, Bern

Die Autorinnen und Autoren von ›P.M. History‹ verstehen es hervorragend, auf der Basis seriösen Fachwissens Geschichten zur Geschichte zu erzählen.

Historische Ereignisse, Biografie und Lebenswerk einer historischen Persönlichkeit werden nicht mit akademischem Abstand, sondern aus einer menschlichen Perspektive dargestellt. Was bewegte die Menschen, wie war ihr Alltag, wie haben sie als Zeitgenossen geschichtliche Umwälzungen erlebt? So wird die Vergangenheit mit Leben erfüllt.

Als Spartacus den Römern trotzte

Geschichten zur Geschichte

Mit farbigen Abbildungen
Herausgegeben von Ernst Deissinger
und Sascha Priester

Ein P. M. History-Buch

Deutscher Taschenbuch Verlag

Dieser Band erscheint in der Reihe ›Geschichten zur Geschichte‹, die ›P.M. History. Das große Magazin für Geschichte‹ im Deutschen Taschenbuch Verlag veröffentlicht.

Bereits erschienen:
Als Pharao Ramses gegen die Hethiter zog (dtv 34147)

Originalausgabe
Juni 2005

www.dtv.de
P.M. History ist eine Zeitschrift der Gruner & Jahr AG & Co. KG
(Redaktionsleiter: Ernst Deissinger, Stellvertreter: Dr. Sascha Priester)

Umschlagkonzept: Balk & Brumshagen
Umschlagbild: ›Pollice Verso‹ (1872) von Jean-Leon Gérôme/
© Bridgeman Giraudon
Satz: Greiner & Reichel, Köln
Gesetzt aus der Concorde 8,8/12˙ und der Univers condensed
Druck und Bindung: APPL, Wemding
Gedruckt auf säurefreiem, chlorfrei gebleichtem Papier
Printed in Germany · ISBN 3-423-34202-1

Inhalt

Vorwort

Seit Jahrtausenden blickt der Mensch auf die Vergangenheit zurück, um sich selbst und seine Welt zu verstehen. Der griechische Schriftsteller Herodot, der im 5. Jahrhundert v. Chr. lebte und auf seinen Reisen auch die Pyramiden Ägyptens bestaunte, gilt als »Vater der Geschichtsschreibung«. Sein Werk »Historiai« – übersetzt »Forschungen« – verfasste er mit einer ganz konkreten Absicht: Er schilderte die Auseinandersetzungen zwischen Griechen und Persern, zwischen West und Ost. Geschichtsforschung wurde so zum Spiegel der politischen Realität und ihrer Interpretation. Einer der geistigen Nachfolger Herodots, der Römer Tacitus, wollte einen anderen Weg gehen und ohne »Zorn und Eifer« schreiben – ein Vorhaben, an dem er ebenso scheiterte wie viele andere vor und nach ihm.

Aber kann es das überhaupt geben: eine neutrale, objektive Geschichtsschreibung? Seit dem Altertum herrscht ein Gesetz der Weltgeschichte: Meist diktieren nur die Sieger ihre Version von Geschichte und hinterlassen sie der Nachwelt. Und dass Historiker natürlich immer nur durch die Brille ihrer jeweiligen Zeit sehen können, sollte unseren kritischen Blick noch mehr schärfen. Hinzu kommt, dass wir ebenfalls nur subjektiv – jeder für sich selbst – Geschichte wahrnehmen und bewerten. Kurz gesagt: Geschichte liegt immer im Auge des Betrachters.

Vergangenheit besteht nicht nur aus Jahreszahlen, historischen Entwicklungen und wissenschaftlich greifbaren Fakten. Der Lauf der Geschichte wurde von Menschen geprägt: mit emotionalen Verhaltensmustern, die sich seit Jahrhunderten nicht geändert haben und deshalb für uns nachvollziehbar und lehrreich sind. Liebe, Glücksgefühle, Eifersucht und Hass packten bedeutende Könige genauso wie den vermeintlich kleinen Mann – das Menschsein in seinen Facetten als zeit- und gesellschaftsübergreifendes Phänomen der Geschichte.

Dieser menschliche Aspekt ist das Hauptanliegen von P. M. History, Europas größtem monatlich erscheinendem Geschichtsmagazin, seit mittlerweile 13 Jahren. Der Erfolg unserer Zeitschrift ist ein Treuebeweis, für den wir und das Redaktionsteam uns an dieser Stelle ausdrücklich bei unseren Lesern bedanken wollen. Damit verbinden wir aber auch die Verpflichtung, jeden Monat unseren hohen journalistischen und wissenschaftlichen Ansprüchen gerecht zu werden. Deshalb freut es uns ganz besonders, mit unseren Kollegen von dtv die P.M. History-Buchreihe »Geschichten zur Geschichte« herauszugeben. In jedem Band veröffentlichen wir in neuer Form über ein Dutzend der schönsten Artikel unseres Magazins, die Fragen an ganz unterschiedliche Epochen und Personen der Vergangenheit stellen. So erleben Sie mit jeder Ausgabe von »Geschichten zur Geschichte« eine spannende Zeitreise durch die Geschichte der Menschheit: mit stets wechselnden Schauplätzen von der Steinzeit bis in das 21. Jahrhundert. Wir wünschen Ihnen viel Spaß!

München, im Frühjahr 2005
Ernst Deissinger und Sascha Priester

Höhlenmalerei

Die rätselhafte Kunst der Urmenschen

Von P. J. Blumenthal

Etwas skeptisch öffnete der Harvard-Archäologe Alexander Marshack die alte Bonbonschachtel und betrachtete den Inhalt, ein gelbbraunes Stück Elfenbein in Form eines Menschenkopfes, acht Zentimeter lang. Im Gesicht erkannte er einen jungen Mann mit Stupsnase, schweren Augenbrauen, tief liegenden Augen, einem gestutzten Bart, langen Haaren und stolzem Blick. Professor Marshack schickte die Figur ins Labor, und die Untersuchung offenbarte eine Sensation: Der Kopf sei aus Mammutelfenbein geschnitzt und vor etwa 26 000 Jahren entstanden, was ihn zu einem der ältesten und bislang einzigen lebensnahen Abbild eines menschlichen Gesichts aus der Jungsteinzeit machte. Das war 1988. Ein in Australien lebender Tscheche hatte Marshack den Kopf nach New York mitgebracht und ihm erzählt, dass ihn ein Verwandter um 1890 in einem Feld nahe dem Dorf Dolni Vestonice in Mähren gefunden hätte. Damals sei er in Stücke zerbrochen gewesen, man habe ihn zusammengeklebt und in Leim getaucht, um die Oberfläche vor weiteren Schäden zu bewahren.

Als die Nachricht über den erstaunlichen Fund die Fachwelt erreichte, reagierten manche Wissenschaftler zunächst zurückhaltend und vermuteten eine Fälschung. Immerhin gab es keinen sicheren Beleg, was den Fundort des Gegenstands betraf. Doch Dolni Vestonice war nicht irgendein Ort. Hier hatten Archäologen schon seit den 1920er-Jahren zahlreiche Eiszeitobjekte aus Mammutelfenbein ans Licht gebracht – unter anderem den Kopf einer Frau, deren Gesichtszüge allerdings deutlich weniger lebensecht dargestellt waren als die des jungen Mannes. Sorgfältige Messungen ergaben, dass auch dieser Fund etwa 26 000 Jahre alt war.

Heute ist es eine Gewissheit, dass die Menschen der Eiszeit, als kilometerdicke Gletscher halb Europa bedeckten, Gebrauchsgegenstände und »Gemälde« von hoher künstlerischer Qualität schufen. Pralle Frauengestalten wie die berühmte Venus von Willendorf, Bilder von Wisenten, Mammuts, Auerochsen, Pferden und von Menschen in etlichen Höhlen Frankreichs und Spaniens sind allen vertraut. Dank des kleinen Kopfes in der Bonbonschachtel hatte der Eiszeitmensch endlich ein Gesicht bekommen.

Bis ins 19. Jahrhundert wussten auch viele gebildete Menschen nichts von einer Eiszeit oder von Urahnen, die Zehntausende von Jahren vor uns die Erde bevölkert hatten. Adam und Eva waren damals der Ausgangspunkt für die Menschheitsgeschichte – ein Bild, das sich erst 1856 zu wandeln begann, als östlich von Düsseldorf, im Neandertal, Bruchstücke von Knochen eines anders gearteten Menschen im Schutt einer Höhle entdeckt wurden. 1864 – fünf Jahre nach Erscheinen des bahnbrechenden Werkes von Charles Darwin über die Entstehung der Arten – erhielten diese Knochen den Namen Homo neanderthalensis. Man glaubte, Überreste eines Menschen entdeckt zu haben, der vor Adam und Eva die Erde bevölkert hatte.

„Der Begriff des ‚Höhlenmenschen' tauchte auf."

Als 1868 in einer Halbhöhle mit dem Namen Cro-Magnon in der Dordogne (Frankreich) ebenfalls uralte Knochen – diesmal von Menschen, die uns sehr stark ähnelten – aufgefunden wurden, stand endgültig fest: Die Geschichte der Menschheit reicht viel weiter zurück, als man angenommen hatte. Der Begriff des »Höhlenmenschen« tauchte auf: Man zeichnete ihn als brutales Wesen, in Felle gekleidet und mit einer Keule bewaffnet; ohne Gesetz und Ordnung fristete er sein elendes Dasein. Dieses Geschöpf kam wie gerufen, um die neue Lehre Darwins zu belegen, dass Menschen und Affen gemeinsame Vorfahren hatten.

Im Jahr 1879 suchte der spanische Jurist Marcelino Sauz de Sautuola mit seiner Tochter Maria in einer Höhle auf seinem Grundstück in Altamira nach »primitivem« Werkzeug jener steinzeitlichen Höhlenbewohner – ein damals modischer Zeitvertreib. Während er den Boden musterte, schaute die kleine Maria nach oben und rief plötzlich: »Papá, bueyes!« (»Papa, Rinder!«). Der erstaunte Jurist blickte nach oben und erkannte zum Teil metergroße Höhlenbilder – Zeichnungen und Gravuren von Wisenten, Auerochsen und Pferden – von einer Schönheit, die den Werken heutiger Künstler in nichts nachstand.

Auch Handabdrücke und geometrische Formen waren in den verschiedenen Galerien der Höhle zu sehen.

Sautuola vermutete zu Recht, dass diese Kunstwerke von vorgeschichtlichen Menschen geschaffen wurden – vor allem, weil die meisten der abgebildeten Tiere in Spanien nicht vorkamen. Er veröffentlichte einen Bericht darüber und wurde der Lüge und Fälschung bezichtigt. Diese Kränkung führte 1888 zu seinem frühen Tod. Als aber 1895 in La Mouthe in Frankreich eine ähnliche Höhle entdeckt wurde, war der Vorwurf der Fälschung widerlegt. Und auch in anderen Höhlen wurde man fündig: 1897 in Marsoulas, 1901 in Les Combarelles und Fond de Gaune im französischen Bezirk Haute Garonne, dann auch in Spanien in El Castillo und Hornos de la Peña.

Fünfzig Jahre nach der Entdeckung von Altamira hatten Archäologen bereits um die hundert ausgemalte Höhlen in Frankreich, Spanien, Portugal und Italien ausfindig gemacht – auch die beeindruckende Lascaux-Höhle, die 1940 entdeckt wurde. Zur gleichen Zeit tauchten Tausende kleinere Kunstgegenstände aus Knochen, Stein und Mammutelfenbein in den Höhlen und Feldern ganz Mitteleuropas auf – so in Dolni Vestonice, Willendorf in Österreich und Vogelherd in Württemberg. Dargestellt wurden zumeist Tiere, doch auch ungenaue Abbilder von Menschen kamen zum Vorschein. Sogar aus Vogelknochen gefertigte Flöten fanden die Forscher, woraus sie schlossen: Die Urmenschen kannten Musik. Eine längst versunkene Welt war plötzlich aufgetaucht, in der Mammutherden, langhaarige Nashörner, Löwen, Panther, Bären, Wisente und viele andere Tiere wieder lebendig wurden. Mit der Radiokarbonmethode und anderen Messtechniken ermittelten Wissenschaftler des 20. Jahrhunderts, dass manche dieser Kunsterzeugnisse bis zu 34 000 Jahre alt waren.

„Die Urmenschen kannten Musik.“

Die ersten Forscher betrachteten die Zeichnungen lediglich als eine Art Wanddekoration – als wollte der Urmensch die öden Höhlen, die er bewohnte, gemütlicher machen. Doch schon um das Jahr 1900 hegte der französische Geistliche Henri Breuil Zweifel an dieser Deutung. Denn viele der Bilder befanden sich manchmal 500 bis 1000 Meter vom Eingangsbereich entfernt, in engen Galerien – und zwar in totaler Dunkelheit. Breuil vermutete, dass Jagdmagie der Grund für die

Entstehung der Bilder war. Man zeichnete das Bild eines Beutetiers an eine Höhlenwand, sprach Zaubersprüche und verrichtete Riten, damit die Jagd erfolgreich war.

Breuils Interpretation erklärt indes nicht alles. Denn manche Bilder, etwa die von Raubtieren oder von Menschen, auch diverse abstrakte Zeichen an den Höhlenwänden, konnten mit Jagdzauber allein nicht gedeutet werden. Der deutsche Prähistoriker Max Raphael, ein Schüler Breuils, vermutete daher, die Zeichnungen seien Abbildungen von Totemtieren. In Altamira hatten seiner Meinung nach einst ein »Clan der Wisente« und ein »Clan der Hirschkühe« gelebt. In den symbolischen Tierbildern suchte er nach deren Familiengeschichten. Die Theorie war geistreich, doch problematisch – vor allem, wenn man überlegt, wie wenig Tierarten in manchen Höhlen dargestellt werden; das hätte auf eine sehr grobe Einteilung in Clans schließen lassen.

Anfang der 1960er-Jahre stellte die französische Archäologin Annette Laming-Emperaire fest, dass oft ganz bestimmte Tiere nebeneinander an den Wänden platziert wurden: etwa Mammut und Rind, Pferd und Raubkatze. Für sie war klar: Diese Paarungen weisen auf eine geschlechtliche Einteilung hin, die mit einem Fruchtbarkeitsritus zusammenhing. Ihr Kollege André Leroi-Gourhan suchte in dieser geschlechtlichen Kategorisierung in »männliche« (zum Beispiel das Pferd) und »weibliche« Tiere (etwa Wisent, Auerochse und Mammut) nach einer philosophischen Deutung: dass die Welt nach den Vorstellungen des Eiszeitmenschen dualistisch geordnet sei.

Der Stand der Forschung hat sich bis heute nicht wesentlich verändert. Die Experten rätseln nach wie vor über die Bedeutung von Abertausenden von Bildern und Kunstgegenständen, die man über die Jahrzehnte in den zahlreichen Höhlen gefunden hat. Immerhin sind sich alle Wissenschaftler einig, dass diese Kunstwerke etwas bedeuten. Inzwischen hat der französische Altertumsforscher Michel Lorblanchet, einer der besten Kenner der Höhlenmalerei, diese Felszeichnungen in vier Kategorien eingeteilt: erstens Tiere; zweitens Menschen – darunter auch abstrakte Dreiecke, die die weibliche Vulva darstellen; drittens rein abstrakte Muster und viertens unbestimmte Linien und Kritzeleien. Insgesamt machen die Tierabbildungen, so Lorblanchet, 62 Prozent aller Bilder aus. Menschendarstellungen liegen dagegen bei lediglich vier Prozent. Den Rest bilden Abstraktionen und Kritzeleien. Pferde, Wisente und Auerochsen kommen am häufigsten vor und machen 60 Prozent aller Tiere aus. Mammuts, Hirsche und Hirschkühe sind jeweils mit nur 6 Prozent vertreten.

Bisher war nur von europäischer Eiszeitkunst die Rede. Im frühen 20. Jahrhundert hielt man es sogar für eine Auszeichnung, dass die ersten Erzeugnisse der Kultur ausgerechnet in Europa entstanden waren – eine Bestätigung für die besonderen Fähigkeiten der Menschen dieses Kontinents. Doch im Lauf der letzten fünfzig Jahre haben Archäologen Eiszeitkunst in aller Welt entdeckt: in Afrika, Asien, Amerika und Ozeanien. Allein im indischen Bhopal kennt man etwa 2 000 Bilderhöhlen, in Lesotho (Südostafrika) sind es 500. Manche Bilder in Tansania dürften nach neuesten Erkenntnissen 40 000 Jahre alt sein. Am Baikalsee in Sibirien entstanden die Bilder einer Höhle vor 32 000 Jahren. In Australien soll ein Bild sogar 60 000 Jahre alt sein, was jedoch umstritten ist. Heute kennt man weltweit über zwanzig Millionen Malereien und Kunstgegenstände, und die Zahl nimmt stetig zu. Wenn der Homo sapiens sapiens vor etwa 40 000 Jahren aus Afrika auswanderte, schuf er wohl diese Kunstwerke, wo immer er sich niederließ. Ein solcher gemeinsamer Ursprung würde die weltweite Ähnlichkeit vieler Bilder erklären. Übrigens: Nur in den tropischen Regenwäldern wurden bisher kaum Fundstellen entdeckt.

„Die ausgemalten Höhlen dienten den Eiszeitmenschen nur selten als Behausung.“

Fest steht jedenfalls: Die ausgemalten Höhlen dienten den Eiszeitmenschen nur selten als Behausung. Sie waren vielmehr ihre Heiligtümer, in denen sie ihre Feste und Riten feierten. Der Beweis: In einer Höhle bei Niaux in Frankreich fand man 500 Fußabdrücke, die sich in dem einst weichen Lehmboden einprägten; sie stammen hauptsächlich von Jugendlichen. Und in einer Höhle bei Le Tuc d'Audoubet sind sechs Reihen von Kinder-Fußabdrücken sichtbar. Die Forscher gehen davon aus, dass es sich dabei um Spuren längst vergangener Einweihungsfeste handelt. In solchen Heiligtümern wurden vielleicht auch andere Riten abgehalten.

Eine Bestätigung für diese Vermutung liefern die Anthropologen. Sie entdeckten Bilderhöhlen, die den steinzeitlichen ähneln und bis vor wenigen Jahren in Australien und in Afrika benutzt wurden. In

Tansania zum Beispiel trafen sich Mitglieder einer Geheimgesellschaft des Sandawe-Stamms in einer Höhle, die ihre Vorfahren seit mehreren Jahrtausenden zu rituellen Zwecken verwendeten. Dort gerieten sie in einen Trancezustand, malten oder übermalten alte Bilder an den unebenen Wänden und behaupteten, diese seien von übernatürlichen Wesen geschaffen worden. Für einen normalen Sandawe war der Zutritt zu diesen Höhlen streng verboten. In anderen Höhlen versammelten die Sandawe Jünglinge, um sie in die Geheimnisse der Erwachsenen einzuweihen, was einige Wochen in Anspruch nahm. Die dortigen Bilder hatten – so erfuhren die Anthropologen – konkrete Bedeutungen: Manche verrieten die Geheimlehre des Stammes, manche ermahnten Unbefugte, fernzubleiben. Manche zeigten wie eine symbolische Landkarte das althergebrachte Jagdgebiet des Stammes.

»Farbige Mineralien wurden im Mund mit Spucke vermischt und dann direkt auf die unebene Steinwand gepustet.«

Auch in Australien haben Forscher durch Befragen der Aborigines die Bedeutung von manchen Felsbildern erfahren. Es zeigte sich, dass selbst die abstraktesten Kritzeleien nicht ohne Sinn sind – was für die Zeichen der Eiszeit auch zutreffen dürfte. Für die Panaramitee in Zentralaustralien bedeutete ein Kreis beispielsweise »Menschengruppe«. Eine schlicht gezeichnete Kurve war eine Zeitangabe, die sich mit »zwei Wochen« übersetzen ließ. Zwei nebeneinander gezeichnete Kurven bedeuteten folglich »vier Wochen«.

Eines der großen Rätsel der Eiszeitmalereien war die Frage, warum Bilder oft mit ähnlichen Zeichnungen übermalt wurden. Da die Sandawe und die australischen Aborigines dies ebenfalls taten, kann man heute zumindest eine vorsichtige Antwort auf diese Frage wagen: Bei den Aborigenes in Cave Hill diente das Übermalen dazu, die geistige Energie der Bilder aufzufrischen und zu erneuern.

Nebenbei: Von Aborigines hat Michel Lorblanchet die Techniken des Malens gelernt. Farbige Mineralien wurden im Mund mit Spucke vermischt und dann direkt auf die unebene Steinwand gepustet. Lorblanchet benutzte diese Technik selbst, um eigene »Eiszeitbilder« herzustellen. Seine Bilder wirken erstaunlich echt. Er stellte allerdings fest, dass Manganoxyd, ein Bestandteil der Ockerfarbe, giftig ist, wenn es über längere Zeit angewendet wird. In kleinen Mengen kann es auch zu Halluzinationen und Trancezuständen führen, was zur rituellen Herstellung von Bildern passen würde.

Auch die mitteleuropäische Kleinkunst der Eiszeit hat ihre Parallele unter neuzeitlichen Naturvölkern. So schnitzten zum Beispiel Eskimos bis ins 20. Jahrhundert Kunstgegenstände aus Walrosselfenbein, die den Erzeugnissen der Jungsteinzeit stark ähnelten. Das Schnitzen war hauptsächlich eine Beschäftigung für den Winter, wobei man sich die althergebrachten Mythen und Epen erzählte. Die Figuren waren Abbildungen jener Götter und Helden, die in den Geschichten vorkamen.

Will man die Bedeutung der Eiszeitkunst einschätzen, muss man sich vor pauschalen Aussagen hüten. Denn vieles, was man für wahr gehalten hatte, stellte sich bald wieder als falsch heraus. So glaubten viele Forscher Anfang des 20. Jahrhunderts, in den Felsbildern eine fortschreitende Perfektion zu erkennen. Man hielt die scheinbar sinnlosen Linien und Kritzeleien für die ersten, »primitiven« Versuche des Menschen, sich bildhaft auszudrücken. Diesen seien erkennbare geometrische Muster gefolgt. Nach und nach hätten die »Höhlenmenschen« naive einfarbige Tierbilder gemalt, bis sie endlich vor etwa 11 000 Jahren die schönen, schwungvollen vielfarbigen Bilder aus Altamira und Lascaux schufen.

Nur: Nach der Entdeckung immer genauerer Datierungsmethoden musste man diese Theorie revidieren. Denn es gab offensichtlich keine »fortschreitende« Entwicklung. Manche Kritzeleien waren zu einer späteren Zeit entstanden als einige der schönen, schwungvollen Bilder. Messungen sorgten immer wieder für Verwirrung. So zum Beispiel stellte man bei dem Bild eines Riesenhirschs in einer Höhle bei Cougnac in Frankreich fest, dass zwischen dem Auftragen der Farben am Brustteil und an der Schulter des Tieres 5 000 Jahre lagen. Bei anderen Bildern in dieser Höhle ergaben sich Unterschiede von 10 000 Jahren. Michel Lorblanchet ist der Meinung, dass 85 Prozent aller Datierungen der Eiszeithöhlen unzuverlässig seien.

Die Theorie eines kontinuierlichen Fortschritts in der Eiszeitkunst war widerlegt, als Forscher 1994 die Chauvet-Grotte in Pont d'Arc (Frankreich) entdeckten. Die Bilder dieser Höhle wiesen eine Kunstfertigkeit auf, die den Bildern der Höhlen in Altamira und Lascaux aus dem Magdalénien (vor etwa 12 000 Jahren) in nichts nachstanden. Mit einem Unterschied: Die Chauvet-Bilder waren ziemlich sicher während des Aurignaciens entstanden – das heißt, möglicherweise vor 35 000 Jahren.

Auch die Kleinkunstfunde aus verschiedenen Höhlen und Äckern Mitteleuropas erwiesen sich teilweise als 30 000 Jahre alt. Trotz des Alters zeugen sie von einer Geschicklichkeit bei ihrer Herstellung, die man keinesfalls »primitiv« nennen konnte. Übrigens: Aus dieser Gegend hat man bisher nur wenige Felsbilder gefunden. Dies liegt wahrscheinlich daran, dass das Klima damals in Mitteleuropa viel rauer war als in Frankreich und Spanien.

Somit steht man vor einem Rätsel: Die künstlerische Begabung des Homo sapiens sapiens scheint schon in ihrer Anfangszeit ziemlich perfektioniert gewesen zu sein. Zwar haben Archäologen verschiedene Objekte gefunden, die sie gerne als Vorstufen der Kunst einordnen: in Tata (Ungarn) zum Beispiel stieß man auf ein glattes Stück Elfenbein, das mit etwas Ocker eingefärbt ist – es entstand möglicherweise vor 50 000 Jahren. Zudem gibt es Hinweise, dass sich auch die Neandertaler künstlerisch betätigt hatten. Es ist ohnehin bekannt, dass die Neandertaler ihre Toten bestatteten und sie mit Ockerfarbe bestreuten. Eine Steintafel mit tassenähnlichen Mulden könnte das Werk von Neandertalern sein, vermuten Archäologen. Möglich ist auch, dass die Forscher die Vorstufen menschlicher Kunst bisher nicht entdeckt haben oder dass sie unwiederbringlich verloren sind.

»Der Mensch der Eiszeit schuf Kunst, ohne sein Produkt als Kunst zu betrachten.«

Eines aber ist gewiss: Der Mensch der Eiszeit schuf Kunst, ohne sein Produkt als Kunst zu betrachten. »Kunst«, so der italienische Paläontologe Emmanuel Amati, war bei unseren frühen Vorfahren vielmehr eine Form der »Schriftsprache«. Sie diente hauptsächlich dazu, religiöse Inhalte zum Ausdruck zu bringen – ähnlich wie die Dome des Mittelalters. Diese prächtigen »Heiligtümer« stattete man reich mit Gemälden und Statuen aus, doch aus der Sicht der Gläubigen und vielleicht auch der damaligen Künstler war das keine Kunst im heutigen Sinn. Es handelte sich um den bildhaften Ausdruck einer religiösen Botschaft. Wir verstehen die Botschaft noch heute, weil wir mit der Religion, die dahinter steckt, vertraut sind. Ein außerirdischer Besucher würde mit diesen »Kunstwerken« genauso wenig anfangen können wie wir, die wir ratlos vor der »Kunst« der Steinzeit stehen.

1953 veröffentlichte der australische Ethnologe N.W.G. Macintosh eine Studie über die Höhlenmalerei des fünften Kontinents und deutete sie nach eigenem Gutdünken und diversen Theorien. Zwanzig Jahre später lernte er einen alten Ureinwohner Australiens kennen. Dieser klärte Macintosh über die wahre Bedeutung der Bilder auf. Der Ethnologe hatte nicht einmal annähernd die Wahrheit getroffen. Auch wir werden die genaue Bedeutung der Eiszeitkunst nicht erraten. Da wir jedoch Nachkommen und Erben dieser Menschen sind, sollte man glauben, dass uns deren Botschaft gar nicht so fremd ist.

Die vergessenen Pharaonen

Auf der Suche nach Echnaton, Nofretete und Tutanchamun

Von Sascha Priester

Träge fließt der Nil durch eine weite, von Felsen gerahmte Ebene. Die Sonne steht hoch am Himmel; kein Laut ist zu hören. Vor über 3300 Jahren schlug hier das Herz Ägyptens. Pharao Echnaton ließ an diesem Ort seine Hauptstadt erbauen – zu Ehren von Aton, der den Platz der alten Götter eingenommen hat. Doch später werden die Namen dieses Königs, seiner Familie und seines Gottes für alle Zeit verflucht. Die Wüste kehrt in die Metropole zurück; die Mauern aus Lehmziegeln verfallen und werden von Sand bedeckt. Bisher stellten sich manche Historiker das Ende Echnatons so vor: Priester des Gottes Amun rächen sich für ihre Entmachtung durch den Herrscher, zerreißen die Mumie des »Ketzer-Pharaos« und werfen sie den Hunden zum Fraß vor. Aber die Wahrheit ist: Echnaton wird wahrscheinlich ein zweites Mal bestattet, an anderer Stelle und wohl behütet – im berühmten Tal der Könige. Was ist geschehen?

Einige Jahrzehnte zuvor herrscht Amun in Theben, der langjährigen Metropole Ägyptens: Seine Heiligtümer in Luxor und Karnak gehören zu den schönsten des Landes. Die Priester verkörpern geistliche und weltliche Macht. Als »Staat im Staat« verwalten sie Landgüter, betreiben Bergbau und Schifffahrt. Der göttlich verehrte Herrscher gilt als Amuns Sohn auf Erden. Dieser Tradition folgt auch Pharao Amenhotep III. (1390–1353 v. Chr.). Sein Name bedeutet bezeichnenderweise: »Amun ist zufrieden«. Das ägyptische Reich erstreckt sich von Syrien bis nach Nubien, dem heutigen Sudan. Heiratspolitik sichert den Frieden; Fürstentöchter aus Mitanni oder Babylon leben im königlichen Harem. Hinter dem Pharao steht eine starke Frau bürgerlicher Herkunft: Teje, die »Große Königsgemahlin«. Man sagt Amenhotep eine Vorliebe für die Sonnengottheiten Re und Aton nach – die Hauptkonkurrenten Amuns. Um dessen Priester zu beruhigen, stellt der König oft seine Frömmigkeit zur Schau.

Als Amenhotep III. stirbt und Amenhotep IV. das Erbe des Pharaos antritt, ist Letzterer zweite Wahl. Eigentlich sollte sein Bruder Thutmosis den Thron besteigen, doch der Hoffnungsträger erliegt zuvor einer nicht bekannten Krankheit – ein Zufall der Geschichte. Professor Dietrich Wildung, Leiter des Ägyptischen Museums Berlin, nennt Thutmosis einen Traditionalisten und zeigt – während eines Interviews mit ›P. M. History‹ – als Beleg eine Grabbeigabe: einen Miniatursarg mit der Darstellung des Prinzen. Ganz der gewohnten ägyptischen Bildersprache verpflichtet umarmt der Seelenvogel den Mumienkörper. Die Inschrift nennt Thutmosis einen »Sem-Priester« und kennzeichnet ihn damit als Diener des alten Schöpfergottes Ptah.

Wie viel Zeit Prinz Amenhotep hat, um sich auf die neue Rolle vorzubereiten, bleibt offen. Nicht einmal sein Geburtsjahr ist heute bekannt; eine Mitregentschaft unter Amenhotep III. erscheint unwahrscheinlich. Vermutlich ist der junge Pharao bereits verheiratet, als er die Herrschaft antritt. Nofretete heißt die Auserwählte und – soweit man das an ihren Bildnissen ablesen kann – wird sie ihrem Namen, »die Schöne ist gekommen«, mehr als gerecht.

Zunächst übernimmt der neue Herrscher den alten Beamtenapparat, und der prächtige Ausbau von Heiligtümern geht weiter. Dann folgt die Zäsur: Amenhotep IV. nennt sich ab seinem fünften Regierungsjahr Echnaton. Der Name ist Programm: »Einer, der wirksam ist für Aton«, den Sonnengott – seinen einzigen Gott. Professor Wildung: »Man nimmt an, dass Amenhotep IV. mit zehn Jahren den Thron bestieg und keine dreißig Jahre alt wurde.« Aber die Vorstellung, einflussreiche Personen hätten im Hintergrund des Kindkönigs agiert, widerspricht unserem Bild, dass die folgenden Umwälzungen in Ägypten direkt von Amenhotep IV./Echnaton als Person ausgehen. Wie auch immer dieses Problem zu erklären ist: Eine Ausbildung in Heliopolis, dem Zentrum der jahrtausendealten Sonnenreligion, könnte die Vorliebe des Pharaos für diesen Kult erklären. Vielleicht lernt Amenhotep die Sonnenverehrung aber auch am Hof des Vaters kennen.

Unmittelbar neben dem Amun-Heiligtum von Karnak lässt Echnaton neue Tempel für Aton errichten – eine Revolution nimmt ihren Anfang, die in einer neuen Architektur und Kunst ihren Ausdruck findet. »Die Türstürze wurden aufgebrochen. Über den nach oben offenen Innenräumen sah man den Himmel. Das Sonnenlicht durchflutete eine schattenlose Welt, in der die Gottheit bis in die letzten Winkel schaute«, beschreibt der Berliner Forscher die Aton-Tempel. Kolossale Statuen mit starken Verzerrungen von Gesicht und Körper zeigen den Pharao als Gott und König zugleich. Eine Skulptur sticht durch ihre weiblichen Formen ins Auge. Wissenschaftler mutmaßten daher, dass Amenhotep IV. ein Eunuch war oder krank gewesen sei. Eine einfachere Lösung: Die Figur stellt gar nicht den Pharao dar, sondern Nofretete. Sie tritt an anderer Stelle in ungewohnter, bisher nur dem Herrscher vorbehaltener Pose auf: Die Königin erschlägt die Feinde Ägyptens. Für das Königsbild werden Herrscherideale und religiöse Inhalte kombiniert – in einem neuen Kunststil, der mit der Darstellungsform der Ahnen bricht und sicherlich auf viele antike Zeitgenossen schockierend wirkt.

„Die Königin erschlägt die Feinde Ägyptens.“

Das Volk soll gemäß der »richtigen Ordnung« (ägyptisch: maat) leben, deren Mitte die neue Religion ist. Sie gilt nicht nur für Ägypten, sondern für die ganze Welt. Diesen Glauben belegt der »Große Sonnenhymnus«, vermutlich von Echnaton selbst verfasst und vom Ägyptologen Jan Assmann übersetzt: »Schön erscheinst du im Lichtland des Himmels, du lebende Sonne, die das Leben bestimmt! …« Aton ist die Sonne, deren Strahlen das »Anch«-Kreuz als Symbol des Lebens halten und es dem König, seiner Familie und den Untertanen spenden. Das Göttliche erkennt man überall: in den Menschen, den Tieren und Pflanzen.

Die politische Bedeutung der vom König verordneten Theologie ist klar: Echnaton sieht sich als exklusiven Vertreter Atons, der einzig wahren Gottheit. Die Folge: Der Pharao verehrt den Gott; das Volk soll die königliche »Sonnenfamilie« anbeten. Der Echnaton-Kenner Nicholas Reeves, der mehrere Bücher zu diesem Thema verfasste: »Die Aton-Religion war in Wahrheit nichts anderes als ein pragmatisches Instrument der politischen Kontrolle.« Damit erklärt Echnaton die anfänglich noch geduldeten alten Götter Ägyptens in ihrer Tier- und Menschengestalt für überflüssig. Ihre Bildnisse und Inschriften werden zerstört, um sie zu vernichten, der Tempelbesitz eingezogen. »Man berief die Priester ab. Mit dem Verlust der religiösen und wirtschaftlichen Basis wurden die Heiligtümer zu leblosen Ansammlungen von Steinen«, rekonstruiert Dietrich Wildung.

Echnaton verzichtet auf die Großstadt Theben als Residenz. Stattdessen wählt er auf halbem Weg nach Memphis im Norden einen unbesiedelten Ort am Nil als Hauptstadt aus: Achet-Aton, »Horizont des Aton« (heute: Tell el-Amarna; Forscher sprechen daher auch von der »Amarna-Zeit«). Steinerne Grenzstelen künden vom göttlichen »Auftraggeber« des Königs: »Es war mein Vater Aton, der mir dazu geraten hat …« Auf über 200 Quadratkilometern entstehen landwirtschaftliche Nutzflächen und Häuser für rund 50 000 Menschen. Aton-Priester und Beamte folgen dem Hofstaat; Teile der Bevölkerung werden zwangsumgesiedelt. Die »Königsstraße« verbindet Paläste im Norden und Süden miteinander. Im Stadtzentrum liegen Heiligtümer, Paläste, Staatsarchiv, Büros und Kasernen. Der Große Aton-Tempel ist ein umfriedeter, 730 Meter langer und 229 Meter breiter Platz mit Statuen der Königsfamilie. Hier stehen Hunderte Altäre für die täglichen Opfer bereit. Echnaton verteilt von einem »Erscheinungsfenster« aus Orden und Geschenke an seine Untertanen. Vornehme Häuser verfügen auf einem ummauerten Grundstück über einen Zentralbereich, Schlaf- und Lagerräume, Bäder und Toiletten. Die Hauskapelle ist Aton, dem Pharao und der Königin geweiht, dem allgegenwärtigen Dreigestirn. Daneben gibt es in Achet-Aton auch Werkstätten und Siedlungen der Arbeiter. In den Felsen östlich der Stadt befinden sich die reliefgeschmückten Gräber der Oberschicht, darunter auch das »Königsgrab« – nach Osten ausgerichtet, der aufgehenden Sonne entgegen.

> **„Die jahrhundertelang gelebte und geglaubte Tradition der Vorfahren gilt plötzlich als ‚falsch'.“**

Doch viele Untertanen sind von der religiösen Läuterungs-Politik nicht überzeugt: Die jahrhundertelang gelebte und geglaubte Tradition der Vorfahren gilt plötzlich als »falsch«. Die Festtage der Vergangenheit sind ersatzlos gestrichen. Aber die Menschen behalten ihre auf persönliche Bedürfnisse reduzierte »Kleinreligion«: Amulette, Statuetten und Stelen in den Privathäusern von Achet-Aton zeigen die Hausgötter Bes und Thoëris, aber auch Amun. Professor Wildung glaubt, dass die Verehrung nicht heimlich geschieht: »Vielleicht sehen wir manches zu dramatisch. Die Volksreligion lief unter den Strahlen des Aton weiter.« Einige Priester und Beamte sind sowohl in Theben als auch in Achet-Aton nachgewiesen. Ob sie den Wechsel aus Opportunismus oder echter Begeisterung mitmachen? Der Hass der entmachteten Priesterschaften ist Echnaton jedenfalls sicher.

Die seit dem 19. Jahrhundert in Achet-Aton gefundenen »Amarna-Briefe« (Keilschrift-Tontafeln als Abschrift der Asien-Korrespondenz des Königs) berichten: »Der König gebietet den Hethitern keinen Einhalt. Sogar die Fürsten von Amurru und Kadesch, Vasallen der Ägypter, wechseln ins feindliche Lager.« Manche folgerten, der Pharao habe in religiösem Wahn die Außenpolitik ignoriert und das Reich verloren – Echnaton, der »Totengräber Ägyptens«. Diese moderne Einschätzung ist jedoch überzogen. Erst lange nach Echnaton büßt Ägypten die Vorherrschaft in Syrien ein. Die propagandistisch gefärbten »Amarna-Briefe« helfen uns nicht, die Außenpolitik des Königs zu beurteilen. Auf alle Fälle ist der Pharao kein Pazifist. So lässt er beispielsweise einen nubischen Stammesaufstand blutig niederschlagen.

Ein weiterer Vorwurf lastet bis heute auf Echnaton: Inzest. Tatsächlich erscheint die königliche »Sonnenfamilie« in ihren Bildnissen beim Austausch von Zärtlichkeiten fast intim. Das betrifft nicht nur Darstellungen von Echnaton und Nofretete, sondern auch vom Pharao mit seinen Kindern – zudem schenkt ihm die Nebenfrau Kija Nachkommen. Die Prinzessinnen Meritaton und Anchesenpaaton sind als »Königinnen« – wie sie in den Inschriften genannt werden – mit ihrem Vater verheiratet. Oft behaupteten Historiker deshalb, dass Echnaton mit seinen Töchtern Kinder gezeugt habe, eine Prinzessin sogar im Kindbett starb. Sind diese Vorwürfe gerechtfertigt, oder entspringen sie der Überinterpretation von »Amarna-Kunst« und bizarrer Fantasie? »Hier scheidet sich die Ägyptologie«, bemerkt Wildung. »Tochterehen wurden wohl nicht körperlich vollzogen. Der Titel ›Königin‹ kann rein politisch gemeint sein.«

Echnaton und Nofretete haben sechs Töchter – und einen Sohn, wenn man dem Archäologen Marc Gabolde glaubt. Der Schlüssel für diese These liegt in den Wandreliefs des »Königsgrabes« von Tell el-Amarna: Echnaton und Nofretete betrauern dort den Tod ihrer Zweitältesten, Maketaton, die mit neun Jahren gestorben war. Eine andere Darstellung zeigt eine Amme mit einem Neugeborenen. In der beschädigten Inschrift ist es als Nofretetes Kind bezeichnet. Marc Gabolde vermutete hier den männlichen Erben: Tutanchaton, das »Lebendige Abbild des Aton«.

In seinem 17. Regierungsjahr stirbt Echnaton – wahrscheinlich eines natürlichen Todes. Die modernen Theorien, den König am Ende als gescheiterte Existenz und von Krankheiten gezeichnet zu sehen, entbehren jeder Grundlage. Die Abkehr von der alten Religion hat nicht den Glauben an ein Leben nach dem Tod verdrängt: Echnaton wird mumifiziert und soll seine letzte Ruhe im »Königsgrab« finden, dessen Ausstattung heute über die ganze Welt verteilt ist. Neben vielen Uschebtis (= Dienerfiguren als Grabbeigabe) blieben Stücke des Granitsarkophags erhalten. Der Berliner Forscher weist auf die Verzierung des Sargs hin: »Anstelle der Totengöttinnen, die an den Ecken ihre Flügelarme symbolisch um den Toten breiten, steht Nofretete. Das Motiv an den Langseiten ist die Sonne, deren Strahlen den Sarkophag umfangen.«

Echnatons Thronfolger heißt Semenchkare – ein Name, der jedoch von zwei verschiedenen Personen getragen wird: von einer nicht näher identifizierbaren Frau aus der Königsfamilie und von dem Gemahl der Echnaton-Tochter Meritaton. Letztere regiert möglicherweise kurze Zeit allein und teilt dann mit Pharao Semenchkare (1335–1332 v. Chr.) den Thron. »Im Notfall konnte eine Frau die Regentschaft antreten. War dies bei Meritaton so, lebte Nofretete wohl nicht mehr«, betont Professor Wildung. Semenchkare wurde von Historikern als Bruder oder Sohn Echnatons bezeichnet. Marc Gabolde sah in der Figur des Semenchkare den Hethiterprinzen Zananza, der eine heute leider unbekannte, verwitwete Amarna-Königin heiraten sollte – eine kühne These. Semenchkare bleibt ein Rätsel.

„Im Notfall konnte eine Frau die Regentschaft antreten.“

Immer noch ist die romanhafte Vorstellung weit verbreitet, dass Echnaton seine geliebte Nofretete zu Lebzeiten verstößt – ihr intimes Verhältnis mit einem Bildhauer namens Thutmosis, der sie porträtierte, sei der Stein des Anstoßes gewesen. Und nach dem Tod Echnatons hätte Nofretete als alternde Königswitwe im verlassenen Achet-Aton gelebt. Die Fakten zeichnen allerdings ein anderes Bild: Nofretetes Name ist für die letzten Jahre Echnatons offiziell nicht mehr bezeugt. Aber noch auf ihrem Grab-Uschebti heißt Nofretete »Große Königliche Gemahlin«. Nicht älter als 27 Jahre, wird sie wohl noch vor Echnaton im »Königsgrab« bestattet. Damit scheint bewiesen zu sein: Nofretete bleibt bis zu ihrem Tod die »Große Gemahlin des Königs, die er liebt, die vollkommene Herrin der beiden Länder, die lebt und sich verjüngt immer und ewig« – so Echnaton im »Großen Sonnenhymnus«.

Ein neuer Pharao regiert in Echnatons Traumstadt: Tutanchaton (1332–1323 v. Chr.). Für den Minderjährigen – bei seinem Regierungsantritt ist er etwa acht Jahre alt – führen zwei Männer die Regentschaft: Eje, wohl Echnatons Schwiegervater, handelt als Befehlshaber der Streitwagentruppe. Politisches Spiel betreibt auch Haremhab, der oberste Heerführer, der seine Hoffnung auf eine aggressivere Außenpolitik umsetzen will.

In dieser Zeit fallen wichtige Entscheidungen: Noch im zweiten Regierungsjahr ändert der Kindkönig seinen Namen in Tutanchamun, »Lebendiges Abbild des Amun«. Damit schwört er Aton symbolisch ab und leitet die Rückkehr zu den alten Verhältnissen vor Echnaton ein. Dann verlässt der Königshof Amarna; sämtliche Bauprojekte in Achet-Aton werden eingestellt. Echnatons Stadt, die bestehen sollte, »bis der Schwan schwarz und der Rabe weiß wird, bis die Berge aufstehen zu wandern und das Wasser bergauf fließt«, ist nach knapp 15 Jahren am Ende. Die neue Residenz wird Memphis; außenpolitische Gründe und der Gedanke, ein Gegengewicht zur Priesterschaft von Theben zu schaffen, geben für diese Wahl den Ausschlag.

»Amun bekommt seine Entschädigung ...«

Amun bekommt seine Entschädigung: Tutanchamun lässt die Priester rehabilitieren, die Tempel von Luxor und Karnak öffnen und ausbauen – die lange Zeit stillgelegten Motoren der Wirtschaft produzieren wieder, alte Machtverhältnisse sind wieder hergestellt. Traditionelle Gesänge hallen durch die Säulenreihen, und Opferduft erfüllt die Höfe. In Glaubensfragen ist für kurze Zeit alles möglich: Stücke aus dem weltberühmten Grab des Tutanchamun zeigen zahlreiche Motive der Amarna-Kunst. Allerdings gibt man dem Pharao dabei nur diejenigen Gegenstände aus dem persönlichen Besitz Echnatons mit, die vor dessen Religionsreform gefertigt worden waren. Die Funde belegen: Aton wird unter der Regierung des Tutanchamun nur allmählich von Amun verdrängt!

Einen weiteren, etwas früheren Schritt in dieser Entwicklung bedeutet das Grab Nr. 55 im Tal der Könige – aus der Amarna-Zeit! Obwohl geplündert, wies es jedoch noch Spuren einer königlichen Bestattung auf, die der Amerikaner Theodore M. Davis 1907 entdeckte. Als der wertvollste Fund gilt ein aufgebrochener, stark beschädigter »Goldsarg«: Der mumienhafte Körper hat die Arme überkreuzt; von der Gesichtsmaske sind nur noch Fragmente erhalten. Daneben lag auf dem Boden der Kammer die bis auf das Skelett zerstörte Mumie, die der Ausgräber als »Königin Teje« bezeichnete. Doch bei einer Nachuntersuchung identifizierten Wissenschaftler den Leichnam als einen Mann – die bis jetzt gültige Ansicht.

Der auf Umwegen nach München gekommene untere Sargdeckel wurde in der Staatlichen Sammlung Ägyptischer Kunst restauriert und in der Ausstellung »Das Geheimnis des Goldsarges« 2001 gezeigt. Der Ägyptologe Alfred Grimm analysierte den mit Goldblech überzogenen und kostbar verzierten Sarkophag, der sich heute in Kairo befindet. Bei den Inschriften war in der Antike der Königsname fachmännisch herausgeschnitten worden. Das Pharaonengrab kann laut Grimm nur für einen Herrscher angelegt worden sein: Semenchkare, dessen Mumie in einen ursprünglich für Echnaton vorgesehenen Sarg gelegt worden sei.

Der Autor dieser Geschichte kommt jedoch anhand der Einzelbeobachtungen Grimms zu einem anderen, neuen Ergebnis: Auf dem Sarkophag steht zwar nicht mehr der Königsname, aber »Das vollendete Kind des lebenden Aton, von dem gilt: Er ist dort/hier lebend jetzt und immerdar bis in alle Ewigkeit.« Dieser Beiname ist bisher nur für einen Pharao belegt – Echnaton. Die vier Kanopenkrüge aus Alabaster für die Eingeweide der Mumie sind ursprünglich für Kija, die Nebenfrau des Pharaos, bestimmt. Ihr Porträt ziert die Gefäße, die in der Antike aber eine neue Beschriftung erhalten – Echnaton und Aton. Zwar tilgt man später diese Namen, doch können sie rekonstruiert werden. In den vier Ecken der Grabkammer standen »magische Ziegel« gegen die bösen Mächte. Auf allen findet sich nur ein Name – Echnaton. Diese Beobachtungen untermauern eine ältere Vermutung von Forschern und lassen den Schluss zu: Im Grab Nr. 55 wird Pharao Echnaton selbst bestattet!

Folgt man dieser Theorie, ergeben weitere Details Sinn: Die noch gut erhaltene »nubische Perücke« auf dem Oberdeckel des »Goldsargs« ist für Echnaton mehrfach bezeugt. Der ebenfalls im Grab gefundene Goldschrein der Teje, der bisher nur spekulativ mit Semenchkare in Verbindung gebracht wurde, erklärt sich von selbst: Teje ist die Mutter Echnatons und seine Ratgeberin. Das Stück gehört zum Familienbesitz. Selbst das Alter der Mumie spricht für die These: »Ein Mann Ende zwanzig – Echnaton wäre ohne weiteres vorstellbar«, bestätigt Dietrich Wildung. Neben Übereinstimmungen der Schädelform bei dem Toten und der Mumie von Tutanchamun belegt eine weitere Untersuchung die Verwandtschaft der Verstorbenen: Beide hatten dieselbe Blutgruppe (A2). Wenn Genforscher nun auch noch die ebenfalls erhaltene Mumie von Juja, dem Großvater Echnatons, analysieren würden, könnte eine weitere Überraschung gelingen: etwa eine Bestätigung der These, dass Juja aus Vorderasien oder Palästina stammt.

„Das Rätsel des geheimnisvollen Grabes im Tal der Könige scheint gelöst zu sein.“

Die Bestattung im Grab Nr. 55 ist sorgsam geplant. Der von Forschern oft verwendete Begriff »Notbestattung« irritiert bei der Pracht der von den Plünderern zurückgelassenen Schätze – auch wenn man ein provisorisches Grab aussucht und schneller handeln muss als üblich. Siegelabdrücke erklären, wer sich die Mühe macht: Tutanchamun. Wenn er wirklich Echnatons Sohn ist und es sich bei der Mumie im »Goldsarg« um seinen Vater handelt, will Tutanchamun so für das Leben des verstorbenen Herrschers im Jenseits sorgen – der offiziell bereits als »Ketzer-Pharao« verdammt wird. Das Rätsel des geheimnisvollen Grabes im Tal der Könige scheint damit gelöst zu sein.

Die neue Anti-Amarna-Haltung drückt eine Inschrift Tutanchamuns in Karnak (auf der »Restaurationsstele«) aus. Dort steht: »Denn da seine Majestät als König erschien, waren die Tempel der Götter und Göttinnen … im Begriff, vergessen zu werden … Das Land machte eine Krankheit durch, die Götter, sie kümmerten sich nicht um dieses Land.« Angesichts der Kulturblüte der Echnaton-Zeit wirken diese Bilder vom Verfall Ägyptens heute als eine starke propagandistische Übertreibung.

Tutanchamun wird mit seiner Gemahlin Anchesenamun – auch diese Echnaton-Tochter, ehemals Anchesenpaaton, ändert ihren Namen – nicht glücklich. Der Verbindung entstammen wohl zwei im Grab Tutanchamuns mitbestattete Totgeburten. Der junge König stirbt vermutlich noch vor seinem 18. Geburtstag. Fällt er tatsächlich einem

Mordkomplott zum Opfer, wie oft behauptet wurde? »Das ist Spekulation«, stellt der Berliner Forscher Dietrich Wildung fest: »Stöcke aus dem Grab legen nahe, dass der König gehbehindert war. Auf einigen Darstellungen wirkt der König kraftlos, stützt sich auf Krücken. Er dürfte der einzige Pharao sein, der beim Bogenschießen sitzend abgebildet wurde. Die Schädelverletzung der Mumie ist wohl auf einen Sturz des Königs zurückzuführen.«

Im Sinn der neuen Machthaber schließt sich mit Tutanchamuns Begräbnis der Kreis der korrigierten Geschichte in Theben: Eigentlich soll Tutanchamun, der erste Herrscher nach der Amarna-Zeit, in der Nähe von Amenhotep III. begraben werden – dem letzten Herrscher vor der jetzt verfluchten Revolution Echnatons. Durch den frühen Tod Tutanchamuns kommt jedoch alles anders: Offenbar durch einen Staatsstreich reißt die »graue Eminenz« Eje (1323–1319 v. Chr.) die Macht an sich. Er sorgt für die Bestattung Tutanchamuns in einem kleinen Privatgrab, das in großer Eile zur letzten Ruhestätte des Pharaos umfunktioniert wird. Hier trägt man nicht nur einen Herrscher, sondern eine ganze Epoche zu Grabe – was die Pracht der Ausstattung erklärt. »Der Papierkorb der Amarna-Zeit, aber ein Abfall vom Feinsten. Eine nochmalige Wiederverwendung vieler Dinge, die man ins Grab legte, war nicht mehr zu erwarten«, formuliert es Wildung treffend. Die ursprünglich für Tutanchamun vorgesehene, unfertige Anlage im Westen des Tals der Könige nimmt Eje für sich in Anspruch.

„Tutanchamun und seine Ahnen sind keine vergessenen Pharaonen mehr.“

Unter Haremhab (1319–1292 v. Chr.) wird der Revanchismus gegen Aton radikal und militant: Der Feldzug gegen das kulturelle Gedächtnis der Amarna-Zeit beginnt. Die Tempel Echnatons in Karnak werden abgerissen und für neue Bauten wiederverwendet. Die Geisterstadt Achet-Aton dient Haremhab und seinen Nachfolgern als Steinbruch. Inschriften werden ausgemeißelt oder umgeändert, Monumente umbenannt, um die Erinnerung an den »Ketzer-Pharao« auszulöschen. Die Geschichte wird für lange Zeit mit Erfolg revidiert: Die erhaltenen ägyptischen Königslisten – die berühmtesten wurden unter Sethos I. (1290–1279 v. Chr.) und seinem Sohn Ramses II. (1279–1213 v. Chr.) in Tempelwände gemeißelt – verzeichnen keinen Herrscher zwischen Amenhotep III. und Haremhab. Letzterem schreibt man die gesamte Regierungszeit seiner nicht aufgeführten Vorgänger zu. Nicht nur Echnaton und Semenchkare, sondern auch Tutanchamun und Eje werden totgeschwiegen – weil sie alle an Aton glaubten oder diese Religion tolerierten. Im Laufe der Jahrtausende verschwindet die Erinnerung an diese Herrscher – bis die Archäologen auf ihre Spuren stoßen. Aber letztlich scheitert Haremhabs Plan: Die Schätze der Amarna-Zeit, die nur wenige Jahrzehnte dauerte, gelten heute als Höhepunkt ägyptischer Kunst und erfreuen Millionen kulturbegeisterte Menschen in der ganzen Welt. Tutanchamun und seine Ahnen sind keine vergessenen Pharaonen mehr.

Könige, Propheten und Apostel

Wer schrieb die Bibel wirklich?

Von Stefan Primbs

Moses ist der einzige Zeuge. Er allein war dabei, als Gott der Herr den Menschen aufschrieb, was sie zu tun und zu lassen haben. Es war drei Monate, nachdem er und seine Landsleute aus Ägypten geflohen waren. Eben erreichten sie die Wüste Sinai, da befahl der Herr dem Moses, auf den Gipfel eines Berges zu klettern. »Als ich hinaufgestiegen war, … blieb ich vierzig Tage und vierzig Nächte auf dem Berg, aß kein Brot und trank kein Wasser. Der Herr übergab mir die beiden Steintafeln, die mit dem Gottesfinger beschrieben waren.«

Es sind die Tafeln mit den Zehn Geboten. Doch als Moses wieder zum Fuß des Berges kam, wo die Israeliten lagerten, erlebte er eine böse Überraschung: Sie hatten seine Rückkehr nicht erwarten können und sich aus Angst eine Statue geformt, die sie beschützen sollte: ein goldenes Kalb, wie sie es aus Ägypten kannten. Moses war wütend über den Verrat: »Ich packte die beiden Tafeln, die ich auf meinen Armen trug … und zerschmetterte sie vor euren Augen.« (5. Moses 9, 17)

Und dann schildert Moses, wie er betete und betete, um Gott noch einmal gnädig zu stimmen. Er erzählt, wie er selbst auf Gottes Befehl hin Steintafeln zurechtschlug, erneut den Berg erklomm und wie Gott diese wiederum mit seinen Geboten beschrieb. Und wie er sie diesmal endgültig zu den Menschen bringt. So steht es in der Bibel. Und wenn man der Zeittafel in ihrem Anhang glauben darf, trug sich das alles so um das Jahr 1250 v. Chr. zu.

Nehmen wir ein anderes Buch zur Hand: »Das Alte Israel«. Autor ist der Althistoriker Manfred Clauss. Auch er beginnt seine Geschichte des Heiligen Landes mit Moses, der von sich sagte: »Mein Vater war ein umherirrender Aramäer. Er zog nach Ägypten.« Und so erzählt Clauss von den Wanderhirten des Nahen Ostens: »Wenn die Lebensbedingungen in der Wüste und Steppe nichts mehr hergaben, zog man in das Land am Nil.« Doch die Ägypter verlangten eine Gegenleistung für die Weiderechte: Die Hirten mussten bei Bauvorhaben mithelfen.

»Diese Forderung rief bei den an Freiheit gewöhnten Nomaden einen Aufruhr hervor, sie ergriffen die Flucht«, so Clauss. Meist scheiterten diese Fluchtversuche, doch einer Gruppe gelang es irgendwann, den Streitwagen der Ägypter zu entkommen.

Ein Wunder, gewiss. Und weil sich sonst wenig Spannendes ereignete im öden Nomadenleben, erzählten die Alten diese Geschichte immer wieder am Lagerfeuer, schmückten sie aus. Eine spannende Story aber braucht einen echten Helden, und so entstand die Gestalt des Moses, »um den sich im Laufe der Jahrhunderte immer mehr Erzählungen rankten«. Aus der Flucht wurde in der Erinnerung ein Sieg. Und als die Nomaden sesshaft wurden und Könige das Land regierten, stieg die Moses-Geschichte zum zentralen Gründungsmythos der Hebräer auf. Sie stiftete und bestärkte die Gemeinschaft, und die verschiedenen Sippen identifizierten sich mit ihr. Ein Moses, wie ihn die Bibel schildert, hat also nach Meinung des Althistorikers nie existiert.

„Doch woher stammen die Zehn Gebote?"

Doch woher stammen dann die Zehn Gebote? Sind die Geschichten aus der Heiligen Schrift nur Märchen? Was hat es auf sich mit diesem merkwürdigen Buch, der Bibel, auf der christliche und jüdische Religion basieren?

Dass wir überhaupt von einer »Bibel« sprechen, daran sind eigentlich nur mittelalterliche Mönche schuld, die weder ordentlich Latein noch Griechisch konnten. Denn der Band, den sie immer wieder abschrieben, hieß schlicht »ta biblia«. Das ist Griechisch und heißt ganz allgemein: »die Bücher«. Die Mönche aber wussten das nicht mehr. Sie ließen das Wort in ihren lateinischen Traktaten einfach unübersetzt stehen, und so wurde »biblia« zu einem lateinischen Begriff, der nur noch »die Bibel« bezeichnete, und zwar in der Einzahl. Dabei sieht jeder, der eine Bibelausgabe zur Hand nimmt, beim ersten Blick ins Inhaltsverzeichnis: Zwischen den Buchdeckeln findet sich kein zusammenhängender Text, sondern eine Sammlung von über siebzig Büchern und kleineren Schriften. Sie sind verschieden lang, verschieden alt und stammen von verschiedenen Autoren. Und ihr Themenspektrum reicht vom erotischen Liebeslied bis zu den Waschvorschriften vor dem Essen, von heroischen Lebensgeschichten bis zu Sprichwörtern und philosophischen Traktaten, von Gedichten voller

Verzweiflung bis hin zu Lehrbriefen. Das erste Buch beginnt mit der Erschaffung der Welt, und das letzte endet mit deren schrecklichem Untergang.

Die Bücher der christlichen Bibel gliedern sich außerdem in zwei große Teile: Der weitaus dickere erste Abschnitt, das »Alte Testament«, stammt aus der Zeit vor Christus und umfasst die heiligen Texte der Juden. Seine ersten fünf Bücher sind besonders wichtig. Sie enthalten auch die Zehn Gebote. Von den Juden werden diese Schriften »Thora« (»Gesetz«), von den Wissenschaftlern seit dem 2. Jahrhundert n. Chr. »Pentateuch«, in den christlichen Bibeln aber die »Bücher Mose« genannt. Der umstrittene Nomadenführer soll sie – wie man jahrhundertelang glaubte – kurz vor seinem Tod niedergeschrieben haben. Doch schon in der Antike regten sich erste Zweifel daran.

So wird darin der Tod des Moses beschrieben – was er schlecht selbst getan haben kann. Viele Anekdoten werden mehrmals in Variationen erzählt. In einigen Passagen wird Gott durchgehend »Jahwe«, in anderen »Elohim« genannt. Und bei Ortsangaben stehen Erläuterungen wie »das ist bis heute sichtbar«. Alles Hinweise, dass die Bücher des Moses lange nach ihm von Bearbeitern aus Texten unterschiedlichen Alters zusammengestellt wurden. Bis heute bemühen sich Wissenschaftler, diesen Textblock wieder in die einzelnen Teile zu entflechten, um deren jeweiliges Alter festzustellen – ein schwieriges Unterfangen.

Handschriften gibt es aus der Entstehungszeit der »Thora« nämlich nicht, abgesehen von einem einzigen Satz – ein Segen – auf einem silbernen Röllchen, das aus dem 6. Jahrhundert v. Chr. stammt. Die ältesten Papyrusfunde mit ausführlicheren Passagen stammen erst aus dem 3. Jahrhundert v. Chr. Die Forscher können also allein aufgrund der einzelnen Texte selbst und ihres Inhalts auf ihr Alter schließen. Dabei vergleichen sie die Geschichten und geschilderten Bräuche mit der Überlieferung anderer Völker des Nahen Ostens, oder sie analysieren die Sprache.

Einige Teile der Bücher des Moses sollen demnach bis etwa 1000 v. Chr. zurückreichen, andere erst 500 Jahre später entstanden sein. Man ist sich nicht einmal darin einig, wann die Bearbeiter die früheren Fragmente in etwa so zusammengestellt haben, wie sie uns heute vorliegen. Ein Ereignis der jüdischen Geschichte hat dabei sicher eine wichtige Rolle gespielt: die »Babylonische Gefangenschaft«.

Um 600 v. Chr. entsteht ein neues Großreich am Euphrat, das sich bis an die Grenzen Ägyptens erstreckt: Babylon. Sein König: Nebukadnezar. Als er einmal Schwäche zeigt, verweigern ihm die Juden die Tributzahlungen, wagen den Aufstand. Die Folge: Nebukadnezars Truppen plündern und morden in Stadt und Land, sie verschleppen die gesamte waffenfähige Ober- und Mittelschicht, die sprichwörtlichen »oberen Zehntausend«, ins Zweistromland. Von 586 bis 538 v. Chr. mussten sie im Exil leben. Israel sollte von da an nie wieder – bis in die Neuzeit – einen selbstständigen Staat bilden.

Wenn aber kein König mehr da ist, kein Staat und keine zentrale Priesterschaft, wenn ein Volk unter Fremden oder unter Fremdherrschaft leben muss, läuft es Gefahr, seine Tradition und Religion zu verlieren. Um das zu verhindern, schrieben die Priester der Juden im Exil alle Vorschriften auf – etwa für den Gottesdienst. Später wurden sie in die fünf Bücher des Moses ebenso eingearbeitet wie die letzte Fassung der Zehn Gebote. Dass diese erst im Exil formuliert wurden, dafür sprechen unter anderem zwei Indizien: Wären sie vor dem Exil schon festgelegt gewesen, wäre wohl der Tempel in den drei ersten Geboten erwähnt worden. Denn darin geht es um die Pflichten gegenüber Gott – im Exil hatte man keinen Tempel. Außerdem lautet das erste von jenen Geboten, die das Zusammenleben der Menschen regeln: »Du sollst Vater und Mutter ehren!« – ein Hinweis, dass dieser Katalog entstand, als die Familie besonders wichtig wurde als Trägerin religiöser und kultureller Überlieferung. Das war im Exil so. Denn andere Instanzen gab es in der Fremde nicht mehr. So können wir also die Fertigstellung der »Thora« ungefähr zwischen 500 und 400 ansetzen. Sicher stand der Text in der Mitte des dritten Jahrhunderts v. Chr. fest. Wir wissen das, weil damals die heiligen Texte erstmals ins Griechische übersetzt wurden – für die große Bibliothek im ägyptischen Alexandria.

„Du sollst Vater und Mutter ehren!“

Der Legende nach stammt der Vorschlag, die Bücher der Juden anzuschaffen, vom Bibliothekar Demetrios von Phaleron. Er soll dem König Ptolemaios II. (283–246 v. Chr.) damit in den Ohren gelegen haben, bis dieser eine Gesandtschaft nach Jerusalem schickte, um eine Abschrift der Heiligen Bücher zu erbitten. Außerdem sollte der dortige Hohepriester ihm Juden für die Übersetzung der Bücher empfehlen. Der Hohepriester Eleazar schickte ihm 72 hoch qualifizierte Gelehrte. Innerhalb von 72 Tagen übersetzten sie die Schriften ins Griechische und verlasen sie dann zu aller Zufriedenheit vor jüdischen Priestern, Edlen und dem Volk in Alexandria. Die 70er-Zahl gab der Übersetzung ihren Namen: »Septuaginta«.

Lange zweifelte die moderne Wissenschaft diese Legende an, hielt ägyptische Juden, die ihr Hebräisch verlernt hatten, für die Auftraggeber der Übersetzung. Heute gehen die Forscher wieder davon aus, dass es wirklich der ägyptische König war, der die »Septuaginta« anfertigen ließ. Dennoch hat die Geschichte einen Haken: Ptolemaios ließ zunächst nur die Thora übersetzen.

Erst später, bis in die Jahrzehnte vor Christus, kamen die weiteren Bücher des Alten Testaments zur »Septuaginta« hinzu. Darunter die Erzählungen um die Bilderbuchkarriere des David, der es mit Harfe und Steinschleuder vom singenden Hirtenjungen zum König brachte; oder die Geschichte des weisen Salomo mit seinen tausend Frauen. Diese Geschichtsbücher werden wie die Visionen und Lebensläufe eines Jeremias oder eines Jesaja unter dem Oberbegriff »Propheten« (hebräisch: nebiim) zusammengefasst. Spätestens 130 v. Chr. galt auch dieser Bereich der Bibel als abgeschlossen und heilig, auch wenn die einzelnen Texte teils mehrere Jahrhunderte älter sind.

»Die interessantesten Texte der Bibel …«

Am umstrittensten war und ist der dritte und letzte Teil des Alten Testaments – dabei enthält er viele der interessantesten Texte der Bibel: die mal verzweifelten, mal tröstlichen Hymnen der Psalmen, die angeblich von König David stammen; die Geschichte des Hiob, der wie Goethes Faust zum Gegenstand einer Wette zwischen Teufel und Gott wird – und trotz nicht verdienten Unglücks seinem Glauben treu bleibt; oder das Buch des Predigers (Kohelet), in dem sich auch ein Atheist wiederfindet, und das ein für alle Mal feststellt: »Alles ist eitel«, »Genieße das Leben!« und: »Es nimmt kein Ende mit dem vielen Bücherschreiben, und viel Studieren ermüdet den Leib.«

Das »viele Bücherschreiben« in den Jahrhunderten unmittelbar vor der Zeitenwende erklärt auch die Probleme mit diesem jüngsten Teil der Bibel, der einfach »Schriften« (ketubim) genannt wird. So stand bis in Jesu Zeit hinein immer noch nicht fest, welche von diesen Büchern nun heilig sind und welche nicht. Ja, im Grunde gilt das für einige Bereiche aus dem Alten Testament bis heute – wie schon ein vergleichender Blick in evangelische und katholische Bibeln zeigt. Bei den Katholiken ist das Alte Testament länger. Denn die Urchristen übernahmen die damalige griechische Bibel, die »Septuaginta«, die eine Menge von diesen »Schriften« enthielt. Die Juden aber verwarfen danach noch einige davon, sodass die hebräische Bibel, die im ersten Jahrhundert v. Chr. endgültig festgelegt wurde, diese Bücher nicht enthält.

Als sich Luther in den Jahren von 1523 bis 1534 an die deutsche Übertragung der Bibel machte, ging er von der hebräischen Bibel aus, denn er hielt die griechische für jünger und weniger echt. Heute sehen die Theologen das zwar etwas anders, dennoch zählen die Protestanten einige Bücher des Alten Testaments zu den »Apokryphen« – das heißt, sie gelten nicht unbedingt als von Gott inspiriert, auch wenn sie vielen protestantischen Bibelausgaben beigefügt sind. Zu diesen Apokryphen des Alten Testaments zählen übrigens auch die »Bücher der Makkabäer«. Theologisch brisant: Sie liefern den Katholiken, die an der »Septuaginta« festhielten, einige der wenigen Indizien für ein Fegefeuer.

„Die alten Bücher in einem neuen Licht …“

In weiten Teilen jedoch sind hebräische Bibel und christliches Altes Testament deckungsgleich. Ihre Bedeutung ist bei den Religionen jedoch eine ganz andere. Denn für die Christen brach mit Jesus eine neue Zeit an, was die alten Bücher in einem neuen Licht erscheinen ließ. Die Zeit des »Neuen Bundes« mit Gott – oder, anders übersetzt: die Zeit des »Neuen Testaments«, der zweiten Schriftensammlung in der Bibel. Ihre Bücher künden von Leben und Lehre des Wanderpredigers Josua (lateinisch: Jesus) aus Nazareth, der zur Zeit des Kaisers Tiberius in Israel lebte und lehrte. Irgendwann in den 30er-Jahren unserer Zeitrechnung wurde Jesus hingerichtet.

Nun übernahmen seine engsten Begleiter, Apostel genannt, die Führung seiner Anhänger. Eine jüdische Sekte entstand: die »Christen«. Als nach einigen Jahrzehnten aber die Augenzeugen nach und nach starben, hatte die Gruppe ein Problem: Immer mehr Geschichten und Anekdoten rankten sich um Jesus. Und kaum einer konnte mehr Wahrheit von Legende unterscheiden. Den Christen drohte ihr Fundament aufzuweichen. Ein paar kluge Köpfe, vielleicht Schüler der Apostel, erkannten das. Ohne offiziellen Auftrag sammelten und schrieben sie auf, was noch an echter Erinnerung da war – oder zumindest das, was sie dafür hielten: So entstanden Berichte über das Leben Jesu, Sammlungen von Briefen und Schriften, in denen Apostel christliche Gemeinden unterwiesen, Erzählungen vom Leben der Jünger und Visionen von Erleuchteten. All diese unterschiedlichen Arten von Schriften finden sich im Neuen Testament. Einer der wichtigsten Autoren daraus ist Lukas, ein griechischer Arzt und Bekannter des heiligen Paulus.

Seine Jesus-Biografie widmet Lukas einem Freund namens Theophilus. Das war ein hoch gestellter Mann, der sich hatte taufen lassen. An ihn schreibt Lukas: »Schon viele haben es unternommen, einen Bericht über all das abzufassen, was sich unter uns ereignet und erfüllt hat … Nun habe auch ich mich entschlossen, allem von Grund auf sorgfältig nachzugehen, um es für dich, hochverehrter Theophilus, der Reihe nach aufzuschreiben. So kannst du dich von der Zuverlässigkeit der Lehre überzeugen, in der du unterwiesen wurdest.« Lukas gibt sich also als eine Art Zeithistoriker und Journalist. Sein Werk erlangte Unsterblichkeit, weil es ins Neue Testament aufgenommen wurde.

Ebenso finden sich dort die Jesus-Biografien von Matthäus und Markus, die sie zum Teil aus den gleichen Quellen geschöpft haben wie Lukas – oder voneinander abschrieben. Außerdem gibt es dort noch eine Lebensgeschichte, die dem Johannes zugeschrieben wird, der als erklärter Lieblingsjünger des Messias eine sehr eigene Sicht liefert. Tatsächlich entstanden diese Werke wohl alle zwischen 70 und 120 n. Chr. Man nennt sie auch Evangelien, denn griechisch »eu« steht für »gut« und »angelion« für »Botschaft«. Doch was ist mit den Büchern der vielen anderen, die es laut Lukas »unternommen haben, einen Bericht abzufassen«?

Das Christentum breitete sich rasch sehr weit aus: Einige Jünger Jesu machten sich nach Ägypten oder Persien auf, Paulus missionierte in Griechenland und Rom. Schon im Jahr 64 hat dort die Christenverfolgung des Kaisers Nero stattgefunden. Die christlichen Gemeinden waren jedenfalls weit zerstreut, und die Lehren ihrer örtlichen Vorsteher drohten sich immer mehr zu unterscheiden. Vor allem auch, weil neben Christen mit jüdischem Hintergrund Gemeinden von ehemaligen Heiden traten. Auch sie brachten religiöse Vorstellungen in die neue Religion mit ein. Und all diese Vielfalt schlug sich auch in den Schriften früher christlicher Gemeinden nieder.

»Hier sind die Serapisdiener Christen, und die sich christliche Bischöfe nennen, dienen dem Serapis. Hier gibt es keinen jüdischen Synagogenvorsteher, keinen Samariter, keinen christlichen Presbyter, der nicht zugleich ein Astrologe, ein Wahrsager und Quacksalber wäre« – so wettert ein Briefschreiber im 2. Jahrhundert über die Zustände in Ägypten. Serapis ist ein von den ptolemäischen Königen eingeführter heidnischer Gott. Eine Vorstellung von solchen frühchristlichen »Ketzern« gibt eine antike Gemeindebibliothek, die 1945 in Nag Hammadi, Oberägypten, gefunden wurde. Wie in unserer Bibel finden sich darin Evangelien, Briefe, Apostelgeschichten, Lehrschreiben und Schreckensvisionen.

Es sind Texte, die meist der religiösen Richtung der »Gnosis« zuzuschreiben sind. Sie fordern eine radikale Weltabkehr, verteufeln alle Sexualität und bringen andere Gottheiten mit ins Spiel. Ein vorgeblicher Jakobusbrief berichtet von einer Geheimoffenbarung Jesu, die immer nur Auserwählten weitergegeben wird. Auch anderswo waren solche esoterischen Botschaften in Umlauf, daneben aber auch theologisch scheinbar weniger Brisantes: Legenden über das Leben Mariens und die Jugendjahre Jesu, worüber die heutige Bibel schweigt.

„Ein Gelehrter war der Meinung, dass ein einziges Evangelium reiche.“

Schnell jedenfalls war den Führern der christlichen Gemeinden rund ums Mittelmeer klar, dass man die Spreu vom Weizen trennen und festlegen müsse, welche Schriften als echt zu gelten haben. Ein origineller und daher von vielen misstrauisch beäugter Gelehrter beispielsweise war der Meinung, dass ein einziges Evangelium reiche. Er hieß Tatian und stammte aus Syrien. Aus fünf Jesus-Berichten, die er für relevant hielt, schrieb er um 170 einen zusammen. In Syrien war seine »Evangelienharmonie« immerhin bis ins 6. Jahrhundert in Gebrauch.

Die meisten Gemeinden lehnten Tatian ab. Sie wagten es in dieser Zeit nicht mehr, Texte anzutasten, von denen sie annahmen, dass sie von den Aposteln stammten. Um 180 hält der Bischof Irenäus von Lyon die vier Evangelien für echt, die sich auch in unserer Bibel finden, keines mehr, keines weniger. Übrigens stellen sie auch vier der fünf Vorlagen Tatians. Um 200 gehören diese vier Biografien auch in Asien zum festen Bestandteil der im Gottesdienst benutzten Texte, ebenso die (Lukas zugeschriebene) Apostelgeschichte sowie die meisten Paulus-Briefe. Andere Apostelbriefe waren länger umstritten, werden von den einen als gültig erwähnt, von anderen nicht.

Es zog sich lange hin, bis der Inhalt des Neuen Testaments dann bis ins Allerletzte feststand. Einzelne Autoritäten hatten nur begrenzten Einfluss darauf. Noch hatte der Bischof von Rom nicht die Vollmachten, die ein heutiger Papst beansprucht. Einen Schlussstrich unter alle Diskussionen zog die mittlerweile organisatorisch gefestigte Kirche mit der Synode von Karthago im Jahr 397. Nur in den Randgebieten wie Äthiopien oder in den ostsyrischen Gemeinden hielten sich abweichende Zusammenstellungen des Neuen Testaments. Die Bücher, die früher oder später verworfen wurden, nennt man die »Apokryphen des Neuen Testaments«. Apokryphen heißt übersetzt »Verborgene Schriften«, also Schriften, die nicht verbreitet werden sollten. Sie wurden im Lauf der Zeit vergessen – auch wenn ihre Inhalte in Legenden oder auch in manchen Kirchenlehren weiterwirkten.

Auch eines der merkwürdigsten Bücher des Neuen Testaments wäre fast von diesem Schicksal betroffen gewesen: die »Apokalypse« des Johannes. Sie schildert wie ein Horrorfilm den Untergang der Welt und das Jüngste Gericht. Das wesentliche Argument für die Aufnahme dieser Vision in die Bibel war ihr legendärer Autor: der Apostel Johannes. Gelehrte wie Origenes (ca. 185–254) hatten schon früh Zweifel daran, dass er es war, der diesen Text verfasste. Doch in den meisten Gemeinden galt die »Apokalypse« als »apostolisch«, und so gab Origenes seinen Protest auf.

Heute gibt auch die von der katholischen Kirche akzeptierte »Einheitsübersetzung« einen »nicht näher bekannten Verfasser« an. Immerhin: Ein charismatischer Mann sei er gewesen, heißt es da. Die Apokalypse habe er angesichts der Christenverfolgung des Kaisers Domitian geschrieben, um die Christen zum Festhalten an ihrem Glauben aufzurufen. Jedenfalls stammt sie nicht von dem Apostel Johannes. Dennoch fordert kein ernsthafter Theologe, dem Origenes im Nachhinein Recht zu geben und die Apokalypse aus der Bibel zu tilgen. Denn selbst den kritischen Geistern ist klar: Wenn die Christen an ihrer Heiligen Schrift herumredigieren, verlieren sie eine ihrer wichtigsten Gemeinsamkeiten.

Der Aufstand des Spartacus

Der Gladiator, der den Römern trotzte

Von Wulf Bröning

In Capua war das Töten ein Handwerk wie jedes andere. Gladiatoren, die ihr Geschäft gut bewacht hinter den dicken Mauern der Schule des Gnaeus Lentulus Batiatus lernten, waren keine Amateure: Die Gladiatoren, die von dieser traditionsreichen Schule in die Arenen des Römischen Reiches geschickt wurden, waren Meister ihres Fachs. Ausgebildete Kampfmaschinen, die nur auf ein Ziel gedrillt waren: die Arena als Sieger zu verlassen. Doch trotz allen Ruhms waren auch die Helden unter den Gladiatoren meist nichts weiter als rechtlose Sklaven, die für ihren Besitzer oder hin und wieder für die Liebe einer reichen Städterin ihr Leben aufs Spiel setzten. Eine Zukunft hatte keiner von ihnen. Selbst die besten Kämpfer endeten nach etwa zwanzig »Auftritten« in einer Blutlache im Staub der Arena. Natürlich wussten die Besitzer der Gladiatorenschulen, dass sich aus der Hoffnungslosigkeit jederzeit eine Revolte entwickeln konnte. Obwohl ihr Hauptwerkzeug, das Schwert (lat. gladius), den Gladiatoren den Namen gegeben hatte, bekamen sie scharfe Waffen sicherheitshalber nur in der Arena in die Hand. Und: Bewaffnete Wachposten gab es in jeder Schule, Ausbruchsgedanken wurden so bereits im Keim erstickt.

Dennoch wagten im Frühling des Jahres 73 v. Chr. etwa 200 Gladiatoren in Capua das Unmögliche: Sie stürmten die Küche ihres Gefängnisses, bewaffneten sich mit allem, was ihnen in die Hände fiel, und stellten sich zum wichtigsten Kampf ihres Lebens. Mit Messern, Küchenbeilen und Bratspießen warfen sie sich auf ihre Bewacher. Jetzt wurde das Gefängnis zur Arena. Die Mauern, die eigentlich die Gefangenen einsperren sollten, verhinderten auf einmal die Flucht der Bewacher. Die Rebellen, deren einziger Lebenszweck bisher in aussichtslosen Kämpfen bestanden hatte, siegten mit dem Mut der Verzweiflung. Doch der Preis war hoch: Neben den Wachen verloren auch weit über hundert Gladiatoren ihr Leben. Gerade einmal siebzig Männer waren es, die unter Führung eines Thrakers in die Freiheit entkamen. Sein Name sollte die Römer schon bald in Angst und Schrecken versetzen: Spartacus.

Dass gerade er zum Anführer der kleinen Gruppe wurde, war kein Zufall. Neben der Kampferfahrung als Gladiator hatte er Jahre zuvor schon als Soldat gegen die römische Armee gekämpft. Aufgehetzt vom pontischen König Mithridates VI. hatten sich verschiedene Völker, unter ihnen auch die Thraker, gegen Rom erhoben. Dabei wurde Spartacus gefangen genommen und als Sklave nach Rom gebracht. Statt für die Freiheit seines Volkes sollte er nun in der Arena um sein Leben kämpfen. Seine körperliche Kraft, Geschick im Umgang mit Waffen und eine hohe Intelligenz führten ihn direkt in die Eliteschule von Capua.

Die Herkunft des Spartacus bleibt trotz aller antiken Berichte weitgehend ungeklärt. Möglicherweise deutet sein Name auf den mythischen Stamm der Sparten hin, dem seine Vorfahren angehörten. Viele römische Schriftsteller betonen sein Charisma und seine Bildung, sodass er wohl in seiner Heimat der Oberschicht angehörte. Der griechische Schriftsteller Plutarch schrieb, Spartacus habe eher einem gebildeten Hellenen als einem »Barbaren« geglichen, und der römische Historiker Sallust bemerkt, dass dessen Verstand seiner körperlichen Kraft mindestens ebenbürtig war. Einige antike Autoren versuchten sogar, Spartacus zu einem thrakischen Königssohn zu stilisieren. Offenbar war die Vorstellung, dass ein entlaufener Gladiator eine Legion nach der anderen besiegt hatte, für das römische Selbstverständnis unerträglich.

„Mit Küchenmessern und Bratspießen bewaffnete Männer …“

Doch zurück zum Aufstand in Capua: Nach dem Handstreich in der Gladiatorenschule wurde der Ausbruch der Rebellen zunächst kaum beachtet. Der Zwischenfall war ärgerlich, aber an eine Bedrohung mochte in der 150 Kilometer entfernten Hauptstadt niemand glauben. Das mächtige Rom hatte es nicht nötig, vor ein paar entlaufenen Schwertkämpfern zu zittern. Und in der Tat: Die Männer hatten zwar ihre Freiheit gewonnen, aber in Sicherheit waren sie noch lange nicht. Die Chancen, am Leben zu bleiben, waren nach ihrem Ausbruch schlechter als je zuvor. Was konnten siebzig mit Küchenmessern und Bratspießen bewaffnete Männer schon gegen römische Legionen ausrichten?

Spartacus und seine Getreuen machten das Einzige, was ihnen in dieser Situation übrig blieb: sie flohen. Ein Transport, der Waffen zu einer anderen Gladiatorenschule bringen sollte, wurde kurzerhand geplündert, um die dürftige Ausrüstung zu ergänzen. Entlaufene Sklaven und verarmte Bauern, die nichts zu verlieren hatten, schlossen sich in den folgenden Wochen dem Trupp an. Spartacus war klar, dass es früher oder später zu einem Zusammenstoß mit der Armee kommen musste. Seine einzige Chance bestand darin, schnellstmöglich viele bewaffnete Männer zu sammeln und zu trainieren, sodass sie im Kampf mit römischen Soldaten bestehen konnten.

In Rom sah man die stetig wachsende Gruppe zwar nicht mit Besorgnis, aber mittlerweile doch mit einer gewissen Unruhe. Sollte das Beispiel Schule machen, hätte man es bald nicht mit einem lokal begrenzten Problem, sondern mit einem Sklavenkrieg zu tun. Der letzte Aufstand, bei dem die Aufrührer ganz Sizilien in ihre Gewalt gebracht und sogar einen eigenen König gewählt hatten, lag erst dreißig Jahre zurück. Den Entflohenen kam entgegen, dass sich die römische Republik innen- und außenpolitisch in einer äußerst angespannten Lage befand. An fast allen Grenzen wurde gekämpft, und die meisten Legionen waren in irgendeinen Krieg verwickelt. Um sich zusätzlich noch um eine Gruppe aufsässiger Gladiatoren zu kümmern, fehlten nicht nur Zeit und Soldaten, ein Kampf gegen entflohene Sklaven brachte auch nicht solchen Ruhm wie ein erfolgreicher Feldzug an den Grenzen des Reiches. So kam es, dass sich Spartacus relativ ungehindert durch Italien bewegen und eine Streitmacht sammeln konnte, die langsam bedenkliche Dimensionen annahm.

Im Krater des Vesuv, etwa vierzig Kilometer südlich von Capua, errichtete Spartacus ein Lager, in dem sich die Männer fürs Erste vor Überraschungsangriffen sicher wähnten. Raubzüge in die nähere Umgebung vervollständigten die Ausrüstung der Gruppe, und entlaufene Feldsklaven, weitere Gladiatoren und andere Randexistenzen ließen die Notgemeinschaft auf über 10 000 Mann anwachsen. Das entsprach zahlenmäßig etwa zwei römischen Legionen.

Schließlich entschloss sich der römische Senat, etwas gegen die Störenfriede zu unternehmen. Der Propraetor Gaius Claudius Glaber erhielt mit 3 000 Mann den Auftrag, die Bedrohung auszuschalten. Nach einem Gewaltmarsch gelang es ihm, Spartacus und seine Männer auf dem Vesuv einzukreisen und den einzigen Zugang, der vom Tal in den Krater führte, zu besetzen. Jetzt konnte er abwarten, bis den Aufständischen die Vorräte ausgingen. Dann würde er die geschwächten Männer gefahrlos überwältigen.

Doch der Feldherr war sich seines Sieges allzu sicher. Weil er Spartacus und seine Männer im Innern des Kraters eingeschlossen glaubte, verzichtete er darauf, sein Lager mit Palisaden zu befestigen. Ein Fehler, den die Belagerten sofort ausnutzten: Im Schutz der Dunkelheit ließ Spartacus aus wilden Weinreben einfache Strickleitern flechten, an denen sich die Kämpfer vom Kraterrand abseilten. Als der letzte Mann die Waffen hinuntergelassen hatte, fielen die Rebellen über die überraschten Soldaten her, die niedergemacht oder in die Flucht geschlagen wurden. Das Lager samt Waffen und Ausrüstung fiel in die Hände der Aufständischen.

Mit dem Sieg über Glaber war auch dem Senat klar, dass man es längst nicht mehr mit der Zusammenrottung einiger Sklaven zu tun hatte. In größter Eile wurde eine neue Expedition unter der Leitung des Praetors Publius Varinius ausgerüstet. Doch Spartacus war bereits stärker, als man in Rom angenommen hatte. Furius und Cossinius, zwei Legaten des Varinius, wurden besiegt. Er selbst entging nur knapp der Gefangennahme. Der ganze Feldzug war ein Fehlschlag; nun schlossen sich sogar römische Überläufer der auf 40 000 Mann angewachsenen Streitmacht des Spartacus an.

Trotz aller Erfolge zeigte sich jetzt, dass das Rebellenheer eine nur durch das gemeinsame Schicksal zusammengeschweißte Truppe war. Ursprünglich wollte Spartacus die Alpen überqueren, um seinen Männern – viele waren Kelten und Germanen – von dort aus die Rückkehr in ihre Heimatländer zu ermöglichen. Ihm war wohl bewusst, dass es keine Chance gab, sich auf Dauer in Italien zu behaupten. Krixos, der mit Spartacus in Capua gewesen war und ihm als Anführer zur Seite gestanden hatte, war jedoch anderer Meinung. Er wollte bleiben und die Männer gegen Rom führen. Spartacus und Krixos konnten sich nicht auf ein gemeinsames Vorgehen einigen, und so trennten sich die beiden. Auch wenn genaue Zahlen nicht überliefert sind, kann man davon ausgehen, dass Spartacus mit etwa 30 000 Mann nach Norden zog, während Krixos mit 10 000 Getreuen in Apulien, im Süden Italiens, blieb.

Hatte man sich in Rom bis jetzt in erster Linie von den Erfolgen der Aufständischen blamiert gefühlt, bekam man es jetzt mit der Angst zu tun. Niemand wusste, welche Ziele die Rebellen auf dem Weg nach

Norden verfolgten, und es war aus Sicht des Senats möglich, dass Rom zum Ziel eines Angriffs wurde. Mit einem mächtigen Schlag sollte das Problem Spartacus endgültig gelöst werden. Gnaeus Cornelius Lentulus Clodianus und Lucius Gellius Poplicola waren die beiden Konsuln des Jahres 72 v. Chr. und hatten als solche in Kriegszeiten den Oberbefehl über die Armee. Der Senat stellte ihnen vier Legionen sowie weitere Truppen zur Verfügung, damit sie gegen das Heer der Aufständischen vorgehen konnten. Insgesamt 30 000 Mann machten sich jetzt auf den Weg, die Schmach wieder wettzumachen.

Die Trennung von Spartacus und Krixos kam den Römern sehr gelegen. Am Berg Garganus, im Norden Apuliens, wurde Krixos gestellt und vernichtend geschlagen. Er selbst fiel im Kampf, und nur wenigen seiner Anhänger gelang es, sich zu Spartacus durchzuschlagen. Dessen Situation war jetzt kritischer als je zuvor. Er hatte gut ein Viertel seiner Männer verloren, und die Konsuln konnten nun ihre ganze Streitmacht auf Spartacus konzentrieren. Lentulus versperrte Spartacus den Weg nach Norden, während Gellius ihm mit den Legionen des Quintus Arrius den Rückweg abschnitt. Das Schicksal der Aufständischen schien besiegelt, doch erneut bewahrte Spartacus in einer kritischen Situation einen kühlen Kopf und offenbarte strategisches Genie. In offener Feldschlacht besiegte er nacheinander alle drei Feldherren und schlug ihre Truppen in die Flucht.

»In offener Feldschlacht besiegte Spartacus nacheinander drei Feldherren.«

Für seinen gefallenen Weggefährten Krixos ließ Spartacus eine prächtige Totenfeier ausrichten, und die Besiegten erfuhren am eigenen Leibe, dass die Ex-Sklaven ihre Schmach nicht vergessen hatten. Gut 300 gefangene Legionäre wurden ausgewählt und mussten als Gladiatoren auf Leben und Tod miteinander kämpfen. Was für Spartacus ein verständlicher Racheakt war, diente den Römern später immer wieder als Beweis für seine Grausamkeit. Dass dieses Verhalten ein Spiegelbild der eigenen Taten war, konnte oder wollte in Rom niemand begreifen.

Ungehindert bewegte sich Spartacus mit seinen Männern jetzt immer weiter nach Norden und hatte bald die Nordgrenze Umbriens überschritten. Nach einem schwierigen Übergang über den Apennin marschierte er auf die Po-Ebene zu. Mit 10 000 Mann trat ihm dort der Prokonsul Gaius Cassius Longinus entgegen. Noch einmal kam es zur Schlacht, und fast schon routinemäßig brachte Spartacus den Römern eine schmerzhafte Niederlage bei. Jetzt konnte ihn niemand mehr daran hindern, die Alpen zu überqueren. Doch daraus wurde nichts.

Warum rückte Spartacus nach dem letzten Sieg von seinem ursprünglichen Plan ab? Vielleicht kam es unter den Männern zum Streit darüber, ob man in die Heimatländer zurückkehren oder doch gegen Rom marschieren sollte. Vielleicht wurde Spartacus beim Anblick der Alpen einfach nur klar, wie gering die Chance war, über die Berge in die Freiheit zu gelangen. Denn Roms Macht reichte weit, und dass Tausende entflohener Sklaven überall mit offenen Armen empfangen werden würden, war nur schwer vorstellbar. Was auch immer den Ausschlag gegeben haben mag – Spartacus marschierte wieder nach Süden.

„Die neue Parole: totale Vernichtung …“

Indessen war die Situation in Rom mit jedem Sieg der Rebellen komplizierter geworden. Hatte sich zu Beginn des Aufstandes niemand zum Kampf gegen Spartacus bereit erklären wollen, weil ein Feldzug gegen Sklaven wenig Ruhm versprach, so erschien das Unternehmen jetzt mit jedem weiteren Sieg des Spartacus noch gefährlicher und unattraktiver. Nur mit größter Mühe konnte der Senat in Rom im Herbst des Jahres 72 v. Chr. einen Freiwilligen für diese Aufgabe gewinnen: Marcus Licinius Crassus.

Dieser war während der Herrschaft des Diktators Sulla zu immensem Wohlstand gelangt, hatte sich nach der Enteignung und der Ermordung politischer Gegner deren Besitz angeeignet und war so zum reichsten Mann Roms geworden. Das zeigte auch sein Beiname »Dives« (der Reiche). Jetzt setzte er sein Vermögen ein, um sich Macht und Ämter zu sichern. Ein erfolgreicher Feldzug gegen Spartacus war eine gute Möglichkeit, sich der Dankbarkeit des Senats zu versichern. Crassus stellte sechs neue Legionen auf, wobei er jeden Mann einzog, der in der Lage war, eine Waffe zu halten. Der römische Historiker Sallust (86–34 v. Chr.) bemerkte dazu, dass Crassus selbst jene nicht überging, »deren Körper schon hinfällig war«. Dazu kamen die Reste der vier geschlagenen Legionen sowie wieder einberufene Veteranen. Crassus verfügte damit über ein Heer von etwa 50 000 Mann.

Die neue Parole lautete jetzt: totale Vernichtung der Aufständischen. Crassus beauftragte seinen Legaten Mummius, Spartacus mit zwei Legionen zu folgen, und schärfte ihm ein, sich unter keinen Umständen auf einen Kampf einzulassen. Doch der ehrgeizige Mummius hatte andere Pläne. Als er sich in einer vorteilhaften Lage gegenüber Spartacus glaubte, gab Mummius, seinen eigenen Triumphzug vor Augen, den Befehl zum Angriff. Das eigenmächtige Verhalten kostete ihn die Karriere: Beide Legionen wurden vernichtend geschlagen. Die Soldaten, die den Kampf überlebten, konnten sich nur durch Flucht retten. Doch das Schlimmste stand ihnen noch bevor. Um die Ordnung wiederherzustellen, entschloss sich Crassus, die strengste Disziplinarmaßnahme der römischen Armee anzuwenden: das Dezimieren. Aus der Kohorte, die zuerst geflüchtet war, wurde durch Los jeder zehnte Soldat ausgewählt. Dann wurden die Unglücklichen vor den Augen ihrer Kameraden hingerichtet – stellvertretend für all jene, die sich der Feigheit vor dem Feind schuldig gemacht hatten.

Crassus zögerte die Entscheidung nicht lange hinaus. Mit einem einzigen, gewaltigen Schlag wollte er Spartacus für immer vernichten. Doch wieder einmal kam es anders. Beim ersten Aufeinandertreffen gelang es Spartacus, Crassus zu schlagen, und auch im weiteren Verlauf des Sommers 71 v. Chr. konnte der Römer keinen Sieg erzwingen. Durch geschickte Taktik gelang es Spartacus, einem direkten Zusammentreffen auszuweichen, und so bewegten sich beide Heere langsam südwärts. Nachdem das Rebellenheer an der »Stiefelspitze« Italiens angekommen war, beschloss Crassus, ihm die Umkehr nach Norden unmöglich zu machen. Dazu ließ er den Gegner mit einem etwa dreißig Kilometer langen Wall einschließen. Ein vier Meter tiefer Graben, der auf der Rückseite von einer Barrikade geschützt war, wurde an der schmalsten Stelle der Halbinsel ausgehoben. Trotzdem war sich Crassus seines Sieges noch nicht sicher. Er bat den Senat um Unterstützung: Gnaeus Pompeius und Marcus Licinius Lucullus sollten ihm mit ihren Legionen zu Hilfe kommen.

Während Crassus auf seine Verstärkung wartete, überlegte Spartacus fieberhaft, wie er der drohenden Vernichtung entgehen konnte. Da der Landweg abgeschnitten war, blieb nur der Seeweg nach Sizilien. Für den Transport sollten kilikische Piraten sorgen, die mit ihren Schiffen die Meerenge beherrschten. Die Verhandlungen gingen gut voran, und die Ex-Sklaven bezahlten den hohen Preis für ihre Rettung im Voraus. Ein Fehler – denn die Piraten nahmen den Lohn und ließen die Sklaven zurück. Vielleicht hatte sie die leichte Beute zum Verrat getrieben, doch möglicherweise hatten die Römer sie mit einer noch größeren Summe bestochen.

Ein Späher, der von Spartacus auf das nahe Sizilien geschickt worden war, wurde von den Römern aufgegriffen und zur Abschreckung gekreuzigt. Seine Leiche wurde direkt an der Hafeneinfahrt zur Schau gestellt, sodass die Männer auf dem Festland gegenüber sehen konnten, was sie in Sizilien erwartete. Ihre Situation schien aussichtslos: Eine Flucht war sowohl über Land als auch über das Meer unmöglich, und Crassus konnte hinter seinem Schutzwall in Ruhe darauf warten, dass den Rebellen die Lebensmittel ausgingen. Nun war Spartacus sogar zu Verhandlungen bereit, doch der siegessichere Crassus lehnte ab. Jeder Kompromiss hätte ihn einen Teil des Ruhmes gekostet, und auf den Triumphzug in Rom wollte er nicht verzichten. So kehrten die Boten des Spartacus unverrichteter Dinge zurück.

„12 000 Sklaven sollen bei dem ungleichen Gemetzel ihr Leben gelassen haben.“

Spartacus blieb nur noch wenig Zeit zum Handeln. Alles Essbare auf der Halbinsel war von den hungrigen Männern verschlungen worden, und zusätzlich brachen Krankheiten unter den geschwächten Kämpfern aus. Heimlich ließ Spartacus den Graben mit Baumstämmen und den Leichen seiner gefallenen Gefährten auffüllen, bevor er den Sturmangriff befahl. Der Durchbruch gelang, doch der Blutzoll war hoch. 12 000 Sklaven sollen bei dem ungleichen Gemetzel ihr Leben gelassen haben, und Spartacus konnte nur einen Rest seiner Männer in Sicherheit bringen. Crassus ließ sofort die Verfolgung aufnehmen. Er fürchtete, Spartacus könne sich wieder nach Norden wenden und nach Rom marschieren.

Doch jetzt kam es unter den Sklaven erneut zu Diskussionen über das weitere Vorgehen. Spartacus konnte die Differenzen nicht beilegen, und so trennte sich erneut ein mehrere Tausend Mann starker Teil des Heeres ab. Darauf hatte Crassus gewartet. Er verfolgte die Splittergruppe, und als sie das erste Lager aufschlug, griff er mit seinen Soldaten an. Spartacus konnte mit seinem Hauptheer gerade noch verhindern, dass die Männer völlig aufgerieben wurden. Doch auch nach ihrer Rettung bestanden die Abtrünnigen darauf, ihre eigenen Ziele zu verfolgen. Sie zogen weiter nach Norden, wo sie kurz darauf bis auf den letzten Mann vernichtet wurden. Dieser Verlust machte Spartacus umso schwerer zu schaffen, als er wusste, dass die Entscheidung nahe war. Lucullus konnte jeden Moment mit seinen Truppen in Brundisium (heute: Brindisi) landen, was den Sklaven die letzte Fluchtmöglichkeit nach Griechenland rauben würde. Also versuchte Spartacus vor seinem Gegner den rettenden Hafen zu erreichen.

Wenn es überhaupt noch eine Chance geben sollte, musste das Heer des Crassus geschlagen werden, bevor es sich mit den Legionen von Pompeius und Lucullus vereinen konnte. Und so befahl Spartacus den letzten, verzweifelten Angriff. Stundenlang dauerten die Kämpfe, doch die ermüdeten Sklaven hatten keine Chance. Eine Stichwunde im Schenkel zwang Spartacus in die Knie, er wehrte die Angriffe der Legionäre ab, bis er blutüberströmt mit der Waffe in der Hand zusammenbrach. Nach dem Gemetzel ließ sich sein Leichnam nicht mehr auffinden. Mit seinem Tod war nicht nur die Schlacht verloren, ohne seine Führung brach auch die Rebellion zusammen. Zehntausende seiner Kampfgenossen starben in dem Blutbad. Drei Jahre lang war es den entflohenen Sklaven gelungen, Rom zu trotzen. Jetzt rächte sich die gedemütigte Weltmacht und statuierte an den Überlebenden ein Exempel. Auf der Via Appia von Rom nach Capua, wo der Aufstand einst mit einer Handvoll entflohener Gladiatoren begann, wurden 6000 Mann gekreuzigt. Ein Mahnmal für alle, die hofften, ihrem Sklavenschicksal entkommen zu können.

Auch nachdem Spartacus gefallen und der Aufstand niedergeschlagen war, wirkte sein Ruhm fort. Nicht nur die Sklaven, sondern auch sozialistische und kommunistische Organisationen entdeckten ihn als Leitfigur. Als Synonym für die Unterdrückten gab er 1916 dem Spartakusbund um Karl Liebknecht und Rosa Luxemburg seinen Namen. Sein Freiheitskampf wurde ideologisch ausgeschlachtet: War sein Krieg nicht der Versuch gewesen, die herrschende Schicht zu entmachten, um eine gesellschaftliche Revolution herbeizuführen? War dieser Krieg der erste Klassenkampf? Berichte, unter den Männern sei der Besitz von Silber und Gold verboten gewesen, machen Spartacus in den Augen einiger Historiker bis heute zu einem sozialistischen Vorbild. Auch wenn er sein Ziel nicht erreichte, der Aufstand scheiterte und sich seine Bedeutung heute in ideologischer Vereinnahmung erschöpft, steht doch fest: Sein Name wird immer ein Synonym für den Freiheitskampf der Unterdrückten bleiben.

Wer waren die Kelten?

Spuren einer Hochkultur zwischen Atlantik und Schwarzem Meer

Von Leo Sillner

»Vae victis!« – wehe den Besiegten – rief der Keltenfürst Brennus, als er Rom besiegt hatte und die Römer über die Höhe der Kontribution, abgewogen in reinem Gold, jammerten. Höhnisch warf er auch noch sein Schwert in die Waagschale. Das war im Jahre 387 v. Chr., die Kelten standen auf dem Höhepunkt ihrer Macht. Gute 300 Jahre später war alles ganz anders. Da unterwarfen die Römer die keltischen Stämme im heutigen Frankreich und gaben sich nicht mit einer Kontribution zufrieden, sondern verleibten sich Gallien ganz und gar ein. Lediglich Asterix, Obelix & Co. hielten noch durch, aber die sind bekanntlich nur eine Comic-Fiktion. Die Kelten waren auf dem europäischen Festland keine Macht mehr und lieferten fortan nur noch Marginalien zur Geschichte. Anders die Inselkelten: Auf den Britischen Inseln und in Irland konnten sie sich viele Jahrhunderte weiter entfalten, und ihre anglisierten Nachfahren berufen sich noch heute auf ihre keltische Herkunft.

Wer sind oder wer waren eigentlich die Kelten? Das Interesse an ihnen und den vielen Spuren ihrer Vergangenheit hat in den letzten Jahrzehnten auf breiter Basis zugenommen. 1990 präsentierte sich eine große Keltenausstellung in Venedig mit dem Slogan »I Celti – la prima Europa«. Und 1993 summierte eine aufwändige Ausstellung im bayerischen Rosenheim die Bedeutung der Kelten unter dem Titel »Das keltische Jahrtausend«. Gemeint war das letzte Jahrtausend vor unserer Zeitrechnung, also die Zeit vor den Germanen und vor der nördlichen Ausbreitung des Römischen Weltreiches. Und 2002 lockte das »Rätsel der Kelten vom Glauberg« über 100 000 Besucher in die Frankfurter Kunsthalle Schirn.

Die Herkunft der Kelten ist nach wie vor nicht restlos geklärt. Man weiß nur, dass sie zum großen Kreis der indoeuropäischen Völkerschaften gehörten, genauso wie die Germanen, Griechen, Slawen und noch ein gutes Dutzend mehr. Ob diese Völker auch eine gemeinsame

Urheimat hatten, ist eines der ungelösten Rätsel. Irgendwann tauchten sie aus dem Dunkel der Vorzeit auf, so auch die Kelten. Die ersten Nachrichten über die Kelten finden sich bei griechischen Autoren. Um 500 v. Chr. erwähnt Hekataios von Milet ein Land namens »Keltike«, wahrscheinlich das heutige Gebiet von Kärnten und der Steiermark. Fünfzig Jahre später meinte Herodot, der Istros (die Donau) entspringe im Lande der Kelten. Schon damals nannten die Griechen dieses Volk »Keltoi« oder »Keltai«. Man geht davon aus, dass sich die frühen Kelten selbst so nannten und dass der Name wohl »die Kühnen« bedeutete. Die archäologischen Befunde bestätigen seit langem, dass Süddeutschland, Österreich, die Schweiz und Ostfrankreich die ältesten Sitze der Kelten waren.

Schon 1846 entdeckte man ein Gräberfeld bei Hallstatt im Salzkammergut, das man dann als frühkeltisch identifizierte. Die frühkeltische Zeit wird denn auch als Hallstatt-Kultur bezeichnet. Diese Kelten waren begabte Kaufleute; ihr wichtigstes Handelsgut war das Salz, das sie in Mitteleuropa und sogar in den Ländern am Schwarzen Meer und der Adria vertrieben. Seit 1857 fanden dann Altertumsforscher immer wieder eiserne Waffen und andere Gegenstände bei La Tène am Neuenburger See in der Schweiz. Sie waren eindeutig keltisch und gehen zurück bis etwa 500 v. Chr. Danach bezeichnet man die Hauptperiode der Keltenzeit, die bis in das 1. Jahrhundert n. Chr. reicht, als La-Tène-Kultur.

Während dieser Zeit machte niemand den Kelten die genannten Gebiete streitig. Für die damalige Zeit waren sie auch recht dicht besiedelt. Überall in Süddeutschland finden sich Hügel, die als Grabhügel oder auch als Verteidigungsanlagen errichtet wurden; allein in Württemberg zählt man an die 7 000 Grabhügel aus der Hallstatt-Zeit. Und fast immer, wenn Archäologen den Spaten ansetzen, werden sie fündig. Die jüngste sensationelle Entdeckung brachten Ausgrabungen am hessischen Glauberg, zwanzig Kilometer nördlich des Mains, wo man 1994 das Grab eines keltischen Fürsten freilegte. Es ist eine der nördlichsten Fundstätten in Deutschland. Viele Ortsnamen keltischen Ursprungs weisen heute noch auf die rege Siedlungstätigkeit hin, zum Beispiel Bonn, Remagen, Mainz und Wien.

Kelten waren es auch, die als Erste stadtähnliche Siedlungen – so genannte Oppida – im süddeutschen Raum anlegten. Erwähnt sei als bedeutendstes Beispiel die »Keltenstadt« Manching bei Ingolstadt, seit 450 v. Chr. Hauptort der keltischen Vindeliker. Die Rundmauer des Oppidum hatte eine Länge von fast acht Kilometern, die Einwohnerzahl schätzt man auf 5 000 bis 10 000. Manching war in erster Linie ein Zentrum der Eisenverarbeitung. Man hat hier rund 200 verschiedene Typen eiserner Geräte gefunden, die bis weit in den Mittelmeerraum vertrieben wurden. Funde weisen auch auf eine florierende Herstellung von Goldmünzen, eine Bronzegießerei und die Produktion von Glas hin. Manching wurde um die Mitte des 1. Jahrhunderts v. Chr. von eindringenden Germanen zerstört.

Schriftliche Aufzeichnungen haben uns die Kelten aus dieser Zeit nur in Spuren hinterlassen. Abgesehen von der Archäologie informierten uns dagegen schon lange vor Caesars »Gallischem Krieg« viele Aufzeichnungen antiker Autoren. Es sind meist sehr subjektive Eindrücke, die sorgfältig abgewogen werden müssen. Platon zum Beispiel hebt ihre Trunksucht hervor, Aristoteles beschreibt sie als unbeherrscht. An anderer Stelle wird ihnen »frevelhafter Übermut, der kein Gesetz anerkennt«, attestiert. Die Griechen und Römer kannten die Kelten bald recht gut. Denn schon im 5. und 4. Jahrhundert v. Chr. waren keltische Völkerschaften bis zur oberen Adria und in den Balkan vorgestoßen. 335 trafen sie dort mit Alexander dem Großen zusammen. Der Geograf Strabon berichtet darüber nach einer älteren Quelle: »Der König habe sie freundlich empfangen und nach einem Umtrunk die Frage gestellt, was sie am meisten fürchteten, da er geglaubt habe, sie würden sagen: ihn selbst. Sie aber hätten geantwortet, sie fürchteten nichts, außer dass der Himmel über ihnen einstürzen könnte.«

„Die Griechen und Römer kannten die Kelten bald recht gut.“

Mit ihrer inzwischen sprichwörtlichen Kühnheit stießen sie nach Alexanders Tod in das zerfallende griechische Reich vor. Der Stamm der Sordisker siedelte an der unteren Save und gründete das heutige Belgrad. Der Stamm der Tylener errichtete ein Reich in Thrakien. Am weitesten zogen ab 278 v. Chr. drei Stämme, die man unter dem Namen Galater zusammenfasst. Sie errichteten im westlichen Kleinasien ein Reich, das dann im 1. Jahrhundert n. Chr. römische Provinz wurde. Sie waren auch dem missionierenden Apostel Paulus bekannt, der sie in einem seiner berühmten Briefe mit den Worten »O ihr dummen Galater« apostrophierte.

Noch in ihrer Frühzeit hatten die Kelten Besitz von nahezu ganz Gallien, also dem heutigen Frankreich, ergriffen. Teile von ihnen, die man heute die Kelt-Iberer nennt, zogen weiter nach Nordspanien, wo der Provinzname Galicien (lateinisch Galaciae) noch heute an die Gallier erinnert. Und von Gallien aus fielen sie auch in Italien ein. Der römische Historiker Justinus (2. Jahrhundert n.Chr.) erzählt, dass 300000 Kelten, die in der Heimat kein Brot mehr fanden, den Vogelzeichen folgend über die Alpen gezogen seien und sich in der Po-Ebene niedergelassen haben. Der römische Geschichtsschreiber Livius (59 v.Chr.–17 n.Chr.) behauptet, das Obst und der Wein hätten die Kelten angelockt.

Die Römer nannten das keltische Oberitalien »Gallia Cisalpina« (das diesseitige Gallien) oder auch »Gallia Togata«, weil die Gallier hier sich bald mit der römischen Toga kleideten. Ansonsten hatten sie mit den Römern wenig gemein. Nachdem sie die Etrusker besiegt hatten (die von da an ihre Bedeutung für die römische Geschichte verloren), eroberte Brennus, wie schon erwähnt, die noch kleine Stadt Rom. Lediglich den Hügel des Kapitols konnte er nicht bezwingen: Gänse, die hier der Göttin Juno geweiht waren, weckten die schlafenden Verteidiger durch ihr Schnattern.

Die Kelten taten aber auch alles, um ihre Feinde in Schrecken zu versetzen. Schon vor einem Kampf forderten einzelne Krieger ihre Gegner zu Zweikämpfen heraus, wobei sie sich lautstark ihrer Heldentaten rühmten und den Feind schmähten. Unbeschreiblich muss dann ihr Kriegsgeschrei und der Lärm ihrer Trompeten gewesen sein. Auch dass die keltischen Krieger vielfach nackt kämpften, nur mit Arm- und Halsringen geschmückt, betonte ihre Kühnheit. Und dass sie gefallenen Feinden die Köpfe als Trophäen abschnitten, verstärkte noch den fürchterlichen Eindruck. Die außergewöhnliche Tapferkeit erklärten antike Autoren mit dem keltischen Glauben an die Seelenwanderung: Die Druiden-Priester lehrten, dass die Seele unzerstörbar sei. Im Übrigen waren die Kelten hervorragende Reiter; später stellten sie als Söldner den besten Teil der römischen Kavallerie.

„Unbeschreiblich muss ihr Kriegsgeschrei und der Lärm ihrer Trompeten gewesen sein.“

Auch nach Brennus veranstalteten die Kelten Raubzüge durch ganz Italien. Zum letzten Mal richtig gefährlich wurden sie den Römern, als sie sich 218 v. Chr. auf die Seite des Karthagers Hannibal schlugen und mit ihm gegen Rom zogen. Doch inzwischen war die Stadt zu einer beachtlichen Macht geworden, blieb in den Punischen Kriegen siegreich und wandte sich nach 203 v. Chr. mit voller Wucht gegen die norditalienischen Keltenstämme: Insubrer und Cenomanen unterwarfen sich, die Boier wurden teils ausgerottet, teils zogen sie nach Böhmen, das die Römer nach ihnen Boiohaemum nannten. Die Gallia Cisalpina wurde romanisiert. Hier rekrutierte Caesar im 1. Jahrhundert v. Chr. seine Legionen, um die Kelten im heutigen Frankreich niederzuwerfen.

»Der Krieg fand ein Ende mit der Niederlage des Keltenfürsten Vercingetorix.«

Schon zuvor gab es in der Provence eine kleinere römische Provinz (Gallia Transalpina). Und die Gallier hatten überwiegend friedliche Begegnungen mit den Römern. Vor allem schätzten sie deren Wein. »Da sie den Wein über alle Maßen lieben«, heißt es bei einem zeitgenössischen Autor, »trinken sie den von Händlern eingeführten Wein ungemischt. In ihrer Gier sprechen sie dem Getränk unmäßig zu, und in betrunkenem Zustand schlafen sie dann entweder ein oder sie geraten außer Rand und Band.«

Den ›Gallischen Krieg‹ (58–51 v. Chr.) hat Caesar in seinem gleichnamigen Werk ausführlich beschrieben. Der Feldherr unterwarf ganz Gallien vom Atlantik bis zum Rhein. Der Krieg fand ein Ende mit der Niederlage des Keltenfürsten Vercingetorix. Gallien war nun Teil des Römischen Reiches, und die Kelten wurden rasch romanisiert. So legten sie auch allmählich ihre keltischen Dialekte ab und nahmen das Lateinische an. Aus ihrem »Vulgärlatein« entwickelte sich bis zur Mitte des 9. Jahrhunderts das Altfranzösische. In den Namen verschiedener französischer Städte haben sich keltische Stammesnamen erhalten. So wurde zum Beispiel Paris, das bei den Römern Lutetia hieß, später nach den keltischen Parisii benannt.

Die letzten freien Festlandkelten wurden kurz vor und nach der Zeitenwende unter Kaiser Augustus unterworfen, zunächst in Dalmatien, wo sich die Überlebenden den Tod gaben, dann nördlich der Alpen. Kaisersohn Drusus zog über den Brenner, womit die Romanisierung der Kelten bis zur Donau und nach und nach hinter dem Limes eingeleitet wurde. Dieser Grenzwall von der Donau bis zum Rhein sollte allerdings nicht vor den Kelten, sondern vor den Germanen schützen. Denn schon seit den Kimbern und Teutonen (Ende des 2. Jahrhunderts v. Chr.) waren immer wieder Germanenstämme nach Süden gezogen und hatten keltischen Siedlungsraum in Besitz gebracht – die Kelten wurden gleichsam aufgesogen.

Mit der Romanisierung und nachfolgenden Christianisierung verschwanden die antiken Festlandkelten aus dem historischen Blickfeld. Die Inselkelten dagegen überdauerten die Zeit. Die frühesten Nachrichten stammen von griechischen Seefahrern, die im 6. Jahrhundert v. Chr. von den Britischen Inseln Zinn holten. Zu dieser Zeit wohl oder nur wenig später gelangten die ersten Kelten auf die Inseln. Aus dem 5. Jahrhundert stammen die ältesten keltischen Funde in der Nähe der Themse-Mündung. Man weiß auch von einer Invasion der gallischen Belgen um 75 v. Chr. Sicher ist, dass die keltische Sprache vom Festland auf die Britischen Inseln und nach Irland gelangte und bereits vorhandene Sprachen vollständig verdrängte – wann und wie, ist ungeklärt.

Näheres erfahren wir erst durch Caesar. Er hatte 55 und 54 v. Chr. je einen Feldzug nach England unternommen und hier unter anderem die zweirädrigen keltischen Kampf-Streitwagen kennen gelernt, die ihn sehr beeindruckten. Der Name Britannien, vermutlich ein keltisches Wort, geht auf diese Zeit zurück. (Als 1603 der schottische König Jakob I. auch den englischen Thron bestieg, nannte man die vereinigten Königreiche »Great Britain«.) Dauerhaft besetzt wurde England erst hundert Jahre nach Caesar. Eine Romanisierung wie in Gallien fand dennoch nicht statt. Und als sich die Römer 407 zurückzogen, wurde Britannien bald eine Beute der germanischen Angeln, Jüten und Sachsen.

Die Römer hatten allerdings nie die ganze Insel in Besitz nehmen können, sondern standen in einem ständigen Abwehrkampf gegen die keltischen Schotten und Pikten im Norden der Insel. Im 3. Jahrhundert v. Chr. hatten sich nämlich Kelten aus Irland im westlichen Schottland niedergelassen, die in lateinischen Quellen »Scoti« genannt werden, wovon sich der Landesname ableitet. Östlich von ihnen siedelten die keltischen Pikten – lateinisch »Picti« –, was »die Bemalten« bedeutet und sich auf ihre Tätowierungen bezieht. Jahrhunderte später vereinigten sich die beiden Völker zum Königreich Schottland.

Mehr noch als in Schottland haben sich bis heute keltische Relikte in Wales erhalten. Die Kelten von Wales kamen teils aus Irland, zum Teil waren sie Britannier, die sich vor den germanischen Eroberern in die Bergregionen im Südwesten der Insel zurückgezogen hatten, wo sie durch all die Jahrhunderte ihr Keltentum bewahren konnten. Ein walisisches Gedicht aus unserer Zeit beklagt diese Randlage noch heute. Ein paar Zeilen daraus vermitteln zugleich einen Eindruck von der keltischen Sprache:

Beth yw'r ots gennyf i am Cymru? / Damwain a hat/yw fy mod yn ei libart yn byw. / Nid yw hon ar fap / Yn ddim byd ond cilcyn o ddaear / mewn cilfach gefn.

Übersetzt heißt das: »Was schert mich Wales (Cymru)? / Schließlich lebe ich nicht / vorsätzlich da. / Aus geografischer Sicht / kann man darin doch nur / ein Anhängsel sehen.«

„Irland, das westlichste keltische Terrain, hat seinen keltischen Namen bis heute bewahrt: Eire.“

1536 erfolgte die endgültige Eingliederung in das britische Königreich. Der älteste Sohn des Königs trägt bereits seit Ende des 13. Jahrhunderts den Titel »Prince of Wales«. Zu erwähnen ist auch noch die keltische Besiedlung von Cornwall, die von Irland aus erfolgte, und die Insel Man, wo das Keltische (Manx) inzwischen ausgestorben ist.

Irland, das westlichste keltische Terrain, hat seinen keltischen Namen bis heute bewahrt: Eire. Wann aber die Kelten vom Festland her einwanderten, ist ungeklärt. In die Geschichte traten sie im 4. nachchristlichen Jahrhundert ein, als sie auf Wales und Cornwall übergriffen. In dieser Zeit wurden sie auch christianisiert. 431 schickte der Papst den ersten Bischof auf die Insel. Die spätere Überlieferung schrieb die Christianisierung allerdings allein dem heiligen Patrick zu, der um diese Zeit Irland missionierte. Im religiösen Eifer für die neue Religion sorgten dann bald darauf iroschottische Missionare für die Festigung des Christentums auch in Mitteleuropa. Irland gelangte im Verlauf seiner Geschichte zunehmend unter englischen Einfluss, aber das keltische Bewusstsein starb nicht aus.

Noch ein keltisches Volk gilt es zu erwähnen: die Bretonen. Sie bildeten sich gewissermaßen durch Rückwanderung. Unter dem Druck der angelsächsischen Invasoren, aber auch der Iren, flüchteten viele Britannier im 4. bis 6. Jahrhundert nach Gallien, genauer gesagt in die Bretagne, die damals weitgehend entvölkert war. Aus dem 6. Jahrhundert sind hier vier keltische oder bretonische Fürstentümer bekannt. Römer und nach ihnen die Franken ließen sie lange Zeit ungeschoren, bis die Bretagne (abgeleitet von Britannia minor, also Klein-Britannien) schließlich 1532 mit der französischen Krone vereinigt wurde. Die heutigen Bretonen sind sich ihres keltischen Ursprungs bewusst, wenn auch die Anzahl derer, die noch Bretonisch verstehen, schwindet.

Einst waren die Kelten und mit ihnen ihre Sprache, wie zu zeigen war, in weiten Teilen Europas verbreitet. Wie sehr diese Sprache trotz unterschiedlicher Dialekte eine Einheit war, soll ein Beispiel deutlich machen: Der römische Kirchenvater Hieronymus hatte um 400 n. Chr. Keltisch im römischen Trier kennen gelernt. Als er dann zu den kleinasiatischen Galatern kam, verstand er deren Sprache, obwohl die Galater einen um 700 Jahre älteren Dialekt sprachen. Heute beherrschen nur noch rund zwei Millionen Europäer Keltisch. Bei den Iren, Schotten, Walisern und Bretonen gibt es allerdings seit einigen Jahrzehnten Wiederbelebungsversuche. Unstreitig ist, dass aus esoterischen Bedürfnissen heraus das Interesse an der Mystik der keltischen Religion seit einiger Zeit gewaltig gestiegen ist. Ein Beispiel für eine Art »Celtic Revival« ist wohl auch der Riesenerfolg des Romans ›Der Herr der Ringe‹ von J. R. R. Tolkien (1892–1973), ganz zu schweigen von Asterix und Obelix! Ein ebenso köstliches wie unaussprechliches Beispiel für die Bewahrung des Keltischen liefern die Waliser. Da gibt es einen kleinen Bahnhof auf der Insel Anglesey in Wales mit dem Namen: Llanfairpwllgwyngyllgogerychwyrndrobwllllantysiliogogogoch. Das bedeutet: »Marienkirche bei der weißen Haselnussquelle nahe dem wilden Strudel an der Tysilio-Kapelle in der roten Höhle«. Wie man das Wort ausspricht, erfahren Sie im Internet (www.anglesey-history.co.uk/). So sind sie eben, die Kelten. Die Einheimischen nennen den Ort allerdings nur kurz Llanfairpwll.

„Llanfairpwllgwyngyllgogerychwyrndrobwllllantysiliogogogoch.“

Hildegard von Bingen

Eine starke Frau und ihre Gottesvisionen

Von Peter Boccarius

Hildegard von Bingen, die »Heilige«, ist ins Gerede gekommen. Diese souveräne, mutige Frau, Mystikerin, Visionärin, Heilkundige und Klostergründerin, die sich nicht gescheut haben soll, Päpsten und dem Kaiser die Leviten zu lesen – sie wird von modernen Historikern heute in einem anderen Licht gesehen, und Wissenschaftler melden gewisse Zweifel an überlieferten Geschichten über sie an. Soll man aus den neuen Erkenntnissen folgern: Hildegard war in Wirklichkeit eine gerissene Diplomatin, darauf bedacht, ihren Einfluss und ihren Ruhm zu mehren? Um das zu beurteilen, muss man Hildegards Leben und ihre Zeit genauer betrachten.

Sich gedanklich 800 Jahre zurückzuversetzen und sich die damaligen Menschen vorzustellen, ist schwer. Zu jener Zeit wohnten und arbeiteten etwa 90 Prozent der Bevölkerung – meist als Bauern – auf dem Land, ihrem Acker und günstiger Ernte ausgeliefert. Und dieses Land war dünn besiedelt: Auf 6,5 Millionen wird die Zahl der Deutschen zu jener Zeit geschätzt (heute: etwa 80 Millionen). Städte, vor allem größere Städte, gab es wenige; einzig das alte Köln – sozusagen das Berlin des Hochmittelalters – wimmelte von Bewohnern. Wie sahen die Städte aus? Schmutz und Abwasser verpesteten die engen Gassen; die Häuser waren aus Holz und Lehm errichtet, aus Stein nur die herrlichen romanischen und frühgotischen Kirchenbauten.

Und die Welt der Politik? Der Kaiser und seine Kämpfe mit Gegenspielern und dem Papst waren weit weg. Kaum dass jemand, der auf dem Dorf schwer arbeitete, etwas vom Papstschisma gehört hatte. Lesen und schreiben konnte sowieso kaum einer. Größere Sorgen bereitete den Bauern da die Frage, ob sie ihren Grundherren und dem Pfarrer die Abgaben entrichten konnten, die ihnen zustanden.

Religion und Kirche bedeuteten viel im Leben des mittelalterlichen Menschen. Gott, der Teufel, Sünde und Buße, die ewige Verdammnis und die Angst vor dem Weltende beherrschten den Alltag. Mönche und Nonnen verbrachten sieben Stunden des Tages im Gebet. Es ist die Zeit, in der die Leute begannen, ihren Kindern die Namen von Heiligen zu geben, um sie ihnen gewogen zu machen. Wer regelmäßig dem Sonntagsgottesdienst fernblieb, kam schnell in den Verdacht der Ketzerei.

Hildegard, 1098 geboren, war das zehnte Kind des Edelfreien Hildebert von Germersheim und seiner Frau Mechthild. Sie gehörte somit dem hohen Adel an, wodurch sich auch ihre spätere enge Verbindung zu höchsten Gesellschaftskreisen erklärt. Mit 14 (nach älterer Ansicht mit acht) Jahren kam sie zur Grafentochter Jutta von Sponheim. Diese – nicht sehr viel älter als Hildegard – wollte weitab von der Welt als Klausnerin ein frommes Leben führen. Inklusinnen, Eingeschlossene, hießen solche Frauen damals, und tatsächlich scheint man Jutta, Hildegard und ein oder zwei weitere Mädchen vor den Augen des Volkes regelrecht eingemauert zu haben.

> **„Immer mehr Gottsucherinnen kamen …“**

Ihre Klause grenzte an ein Männerkloster, das die Schwestern mit geistlicher und weltlicher Nahrung versorgte. Es handelte sich um das Benediktinerkloster auf dem Disibodenberg, am Zusammenfluss von Nahe und Glan, das damals noch im Bau war. Hier wurde Hildegard von der hochgebildeten Jutta erzogen und unterwiesen; über den Wissensstand der Visionärin streiten sich allerdings die Gelehrten. Einerseits nannte sie sich selbst in Schriftstücken »indocta«, also ungebildet, ungelehrt; andererseits zeugen ihre Werke von immensem Wissen. Vermutlich waren ihre Kenntnisse lückenhaft und hauptsächlich auf den Klostergebrauch abgestellt (theologische und Bibeltexte, Benediktregel, Medizin, Rezepte). Aus der Klause wurde mit der Zeit ein Frauenkloster der Benediktinerinnen. Immer mehr Gottsucherinnen kamen und lebten in den Zellen und dem Gärtlein; immer mehr Ratsuchende klopften an, um mit Jutta zu sprechen. Und als diese gegen Jahresende 1136, wenig über vierzig Jahre alt, die Augen für immer schloss, berief der Konvent der nun zehn Klosterfrauen Hildegard einstimmig zur Meisterin (Magistra).

Schon als Kind hatte Hildegard Visionen. Aber als die kleine Erleuchtete merkte, dass die Erwachsenen, wenn sie davon hörten, Verwirrung und Befremden zeigten und eher an teuflische Einflüsterungen als an göttliche Tipps dachten – da lernte sie, den Mund zu halten. Doch nach Jahrzehnten des zurückgezogenen, meditativen Lebens auf dem Disibodenberg, »als ich 42 Jahre und sieben Monate alt war«, meldete sich ihre Schau in einer gewaltigen Vision. Eine Stimme von oben, berichtet Hildegard, habe ihr befohlen: »Sage und schreibe, was du siehst und hörst!« Sie habe sich gegen den göttlichen Auftrag gewehrt, erzählt sie weiter; wusste sie doch, dass die zur damaligen Zeit untergeordnete Stellung der Frau ihr strikt verbot, in der Öffentlichkeit zu wirken. Aber da sei sie, die ohnehin für Krankheiten Anfällige, schwer bettlägerig geworden, bis sie sich gefügt und ihr erstes großes Werk begonnen habe: »Scivias« – Wisse die Wege.

Sie schrieb – und befragte ihren Beichtvater und späteren Sekretär Volmar: Durfte sie, musste sie das tun? Und nun durchlief Hildegards Problem den ganzen kirchlichen Instanzenweg: Mönch Volmar konsultierte seinen Abt Kuno, der seinen Erzbischof Heinrich, und dieser fragte in der Not sogar den Papst. Denn es traf sich, dass Papst Eugen III. in Trier eine Synode abhielt. Hier kamen Hildegard und ihr Werk »Scivias« (das noch gar nicht zu Ende geschrieben war) zur Sprache. Eine hochrangige Kommission wurde zum Disibodenberg geschickt. Sie sollte Hildegard, die inzwischen längst Benediktinernonne geworden war, und ihr visionäres Geschick überprüfen. Das Ergebnis war ohne Tadel, und es kam der Überlieferung zufolge zu einem welthistorischen Ereignis, das heute allenfalls von Hollywood nachgestellt werden könnte.

„Sage und schreibe, was du siehst und hörst!“

Im altehrwürdigen Trier – wie anzunehmen ist: im Dom – traf der Papst mit Kardinälen, Bischöfen und gewiss auch großen weltlichen Herren zusammen. Tiara und Mitra, Samt und Seide, funkelnde Edelsteine und venezianische Glasperlen; lateinische Gesänge, Kniefall und erhobene Hände, Weihrauch und strahlender Kerzenglanz – das Mittelalter wusste seine Events zu zelebrieren. Hier, vor der erlauchten Versammlung, wurden Hildegards Visionstexte vorgelesen. Es heißt, Papst Eugen III. höchstselbst habe das getan, und Bernhard von Clairvaux, der mächtige Gründer des Zisterzienserordens, habe ein gutes Wort für die Autorin eingelegt. Mit Erfolg: An den Anfang von

Hildegards Brief-Edition ist ein Schreiben des Papstes gestellt; darin preist er die Ordensfrau aus der Provinz und wünscht ihr »Glück und Gottes Gnade«.

Mit anderen Worten: Sie war, von der Kirche anerkannt, quasi zur Prophetin erhoben – und sie durfte ihre Vorhaben verwirklichen. Und diese waren bedeutend. Nicht allein, dass Hildegard neben anderen schriftlichen Arbeiten ihren »Scivias« zu Ende bringen konnte – sie plante auch nichts Geringeres, als ein neues Frauenkloster aus dem Boden zu stampfen. Denn die ehemalige Klause war zu klein geworden, es ging zu wie seinerzeit bei Jutta: Immer mehr Bewerberinnen wollten eintreten, immer mehr Unglückliche wollten beraten werden. Doch vor der Verwirklichung ihres Plans musste die Klostergründerin beträchtliche Konflikte durchstehen.

Die Benediktinermönche vom Disibodenberg sperrten sich gegen Hildegards Vorhaben. Sie beanspruchte für das neue Kloster die Mitgift ihrer Mitschwestern, die – als sie der Klause beitraten – den Benediktinern übergeben worden war und das Kloster reich gemacht hatte. Dazu kamen, je berühmter die Visionärin wurde, desto häufiger gottgefällige Spenden betuchter Adliger. Aber die Mönche wollten nichts erstatten, und es kam zum Streit. Doch Hildegard nahm den Kampf auf, ließ ihre Beziehungen spielen, setzte ihre hochgeborenen Verwandten und deren Freunde ein, scheute jedoch auch vor dem direkten Streitgespräch mit dem feindseligen Abt nicht zurück. Und wie oft bei Heiligengeschichten, wurden auch hier Legenden gesponnen:

„Doch Hildegard nahm den Kampf auf.“

– Hildegard sei, so heißt es, als die Debatte nicht in ihrem Sinne voranging, zu Stein erstarrt auf ihrem Lager gelegen; niemand, auch der Abt nicht, habe sie auch nur um einen Millimeter verschieben können. Bis die Gegenspieler einlenkten – da habe die Regungslose sich auf einmal wieder bewegen können.

– Dem missgünstigen Sprachrohr der Benediktinerbrüder, einem Mönch Arnold, sei unversehens die Zunge so gewaltig aufgequollen, dass er kein Wort mehr herausbrachte. Bis er sich zu Hildegards Gunsten eines Besseren besann. Da erfreute er sich auf einmal wieder einer normalen Zunge und wurde zum eifrigsten Helfer beim Bau des neuen Klosters.

Auch nicht alle der zwanzig Schwestern Hildegards zeigten sich zufrieden über den Umzug auf den Rupertsberg – das war die Stelle über dem Zusammenfluss von Rhein und Nahe, die eine visionäre Schau der Äbtissin als Bauplatz empfohlen hatte. Das Murren unter den Nonnen ist verständlich; war doch, was sie verließen, vergleichsweise komfortabel gegenüber dem, was sie auf dem ziemlich wüsten Hügel bei Bingen vorfanden: eine alte Ruine und ein paar halbfertige Neubauten. Doch die tüchtige Hildegard, die auch für umfangreiche Schenkungen reicher Leute sorgte, stattete Kloster Rupertsberg in wenigen Jahrzehnten vorbildlich aus – bis hin zur Wasserleitung in jedem Arbeitsraum der mittlerweile fünfzig Schwestern. Und im Jahr 1165 legte sich die fleißige Frau sogar noch ein zweites Kloster – Eibingen bei Rüdesheim – zu. Auch das betreute sie als Klostervorsteherin: Um nach dem Rechten zu sehen, schipperte sie allwöchentlich zweimal über den Rhein dorthin.

Ab 1141 arbeitete Hildegard neben anderen Texten vor allem an ihren drei großen Visionswerken. Diese diktierte sie auf Lateinisch ihren Helfern, am längsten dem Mönch und Propst Magister Volmar, der mehr als dreißig Jahre als Sekretär an ihrer Seite wirkte. Er und seine Nachfolger korrigierten hauptsächlich ihre Grammatik, da die Äbtissin das Lateinische nicht perfekt beherrschte.

Wie erlebte diese Frau ihre Visionen? Sie hat – im Gegensatz zu anderen Mystikerinnen – selbst geschildert, was ihr in der Schau zuteil wurde: Nicht in der Entrückung, nicht in der Ekstase, nicht in Trance seien ihr die Botschaften und Bilder vermittelt worden, sondern bei wachen Sinnen und mit offenen Augen; freilich könne sich das nur sehr schwer vorstellen, wem Derartiges nicht selbst widerfährt.

– Scivias (Domini) – Wisse die Wege (des Herrn) heißt die erste der drei Visionsschriften Hildegards. Sie schrieb zehn Jahre daran, von 1141 bis 1151. In drei Büchern werden nicht weniger als 26 Visionen in gewaltiger Sprache dargestellt, prophetisch und in der Art der biblischen Johannes-Apokalypse. Themen sind unter anderem die Schöpfung, die Erlösung am Kreuz und das Zeitenende.

– Liber vitae meritorum – Buch der Lebensverdienste, das zweite der großen theologischen Werke der Äbtissin, geschrieben von 1158 bis 1163. Es umfasst sechs Teile und schildert sechs Visionen. Dabei geht es vor allem um die Entscheidungsfreiheit des Menschen zwischen Gut und Böse und um ethische Probleme. Die Tugenden und die Laster treten personifiziert auf und führen 36 Diskussionen. Manche sagen, Hildegard erweise sich hier als Vorläuferin der modernen Psychoanalytiker.

– Liber divinorum operum – das Buch der Gotteswerke – ist das dritte und – wie es heißt – reifste der Theologiebücher Hildegards, drei Teile mit zehn Visionen. Es enthält unter anderem ein Loblied auf den Schöpfer und seine Liebe und eine große Kosmologie; und es gibt einen der Lieblingsgedanken des Mittelalters wieder: dass der Mensch als Mikrokosmos ein vollkommenes Abbild des Makrokosmos darstelle. Die Äbtissin begann dieses Werk mit etwa 65 Jahren und beendete es einige Jahre vor ihrem Tod.

Die Hildegard-Medizin und -Ernährung boomt. Viele Menschen schwören darauf, viele Produkte werden angeboten, und Dinkel – das im Mittelalter hauptsächlich verwendete Getreide – steht hoch im Kurs. Dem begegnen manche Wissenschaftler mit Zweifeln, sie halten vieles davon sogar für schädlich und weisen auf mögliche Übersetzungsfehler aus dem Lateinischen hin, auf vage Maßangaben und anderes in der Hildegard-Literatur.

Vor allem aber stützt sich die Kritik auf die mangelhafte Quellenlage: Das Original, in dem die Klostervorsteherin ihr Wissen zusammengefasst haben soll, ist nämlich verloren gegangen. Was wir besitzen, sind zwei Nachfolgewerke, die mehr als hundert Jahre später geschrieben sind und sich – so die Anhänger – auf Hildegards Buch zurückführen lassen oder – so die Gegenseite – weniger auf Hildegard und mehr auf das allgemeine Wissen des Mittelalters stützen. Diese beiden Bücher sind:

– Liber simplicis medicinae (genannt Physica): Es enthält 513 Kapitel in neun Teilen – ein naturwissenschaftliches Werk über Tiere, Pflanzen, Elemente, Wasser, Steine und anderes.

– Liber compositae medicinae (genannt Causae et curae) – eine Heilkunde über Krankheiten und gesunde, maßvolle Lebensführung, ein Ratgeber über Ernährung und Sexualität (mit erstaunlichen Kenntnissen zur Geburtshilfe) und vieles andere.

Brennende Fragen werden neuerdings auch zu Hildegards gesammelter Korrespondenz gestellt. Mehr als 300 dieser Schreiben sind bekannt, geschrieben an und von Briefpartner(n) in vielen Ländern Europas. Rat, Lob und Tadel zu politischen, gesellschaftlichen und religiösen Problemen verschickte die Nonne in Briefen an Könige wie den

Staufer Konrad III. und Heinrich II. von England, an Päpste wie Eugen III., der zum zweiten Kreuzzug aufrief, und Alexander III., der mit mehreren Gegenpäpsten konkurrieren musste; an Bischöfe, Fürsten und hoch gestellte Weltleute, Ordensschwestern, -brüder und Laien.

Herausragend: Hildegards Schriftwechsel mit Kaiser Friedrich Barbarossa, der auf eine Art Freundschaft zwischen ihr und dem Herrscher schließen lässt, zumindest aber auf gegenseitige Wertschätzung. Offenbar hatte die Seherin Barbarossa um 1152/53 bei einem Besuch in seiner prachtvollen Pfalz Ingelheim Voraussagen gemacht, deren Eintreffen er ihr später in einem Schreiben bestätigte. 1163 bekam sie von ihm einen Schutzbrief für Rupertsberg, der ihr Kloster juristisch, finanziell und vor Überfällen absicherte. Als der Kaiser jedoch einen Kleriker namens Calixtus zum Gegenpapst eingesetzt hatte, beendete die Nonne diese Beziehung und drohte in ihrer letzten, äußerst barsch gehaltenen Epistel dem Herrn der Welt ganz offen mit dem Zorn Gottes. Überhaupt nahm sie in ihren Briefen kein Blatt vor den Mund. Wie sie labile Äbtissinnen freundlich mahnend zu Gelassenheit und Mäßigkeit bei Buße und Kasteiung ermunterte, so konnte sie auch lasche, hoch gestellte Kirchenmänner schneidend zur Ordnung rufen, sobald sie ihre Pflichten als Geistliche vernachlässigten.

„Sind Texte geschönt, negative Passagen damals unterdrückt worden?“

Diese Briefe, die über die Zeiten hin der Erbauung dienten, liegen nun auch auf dem Seziertisch der Forschung. Gegenstand der Untersuchung: ob Texte des Briefwechsels vor mehr als 800 Jahren manipuliert wurden – zu dem Zweck, Hildegards Glorie noch mehr leuchten zu lassen. So lauten einige der bohrenden Fragen der Wissenschaftler: Ist damals manipuliert worden, sind Texte geschönt, negative Passagen unterdrückt worden? Das und andere, für die Philologen aufregende Rätsel sind dazu geeignet, den Experten schlaflose Nächte zu bereiten, während wohlwollende Hildegard-Verehrer beschwichtigend darauf hinweisen, dass man es im Mittelalter mit der dokumentarischen Exaktheit weniger streng genommen habe als in unserer buchstabengetreuen Zeit.

Lässt man die philologischen Probleme um Hildegards naturwissenschaftliche Kenntnisse und ihren Briefwechsel beiseite, so bleibt die Frage: Warum besaß diese Frau zu ihren Lebzeiten solche Autorität, warum wurde sie nach ihrem Tod wie eine Heilige verehrt? Gewiss, da sind ihre prophetischen Schriften – aber wer im einfachen Volk konnte die schon lesen? Es muss Hildegards Charisma, ihre überragende Persönlichkeit gewesen sein, die Bewunderung für ihren Mut, ihre immerwährende Aktivität, ihren ehrlichen Zorn über pflichtvergessene Priester und ihre klugen, gütigen Ratschläge, die sie zu Ruhm und Ansehen führten.

Mystikerin, Klostergründerin, Äbtissin (tatsächlich führte sie diesen Titel selber nie) – als anerkannte »Prophetissa teutonica« war Hildegard eine treue Anhängerin der Kirche. Freilich nicht ohne Kritik, was besonders die vier Predigtreisen durch Deutschland zeigen, die sie noch als alte Dame unternahm. Sie müssen für die über 60-Jährige aufreibend gewesen sein, bei den holperigen Straßen, die zu Fuß, auf dem Pferd oder Maulesel, in wackeligen Fuhrwerken zurückgelegt wurden oder mit Flusskähnen, die ebenfalls keinen Komfort boten. Doch unerschrocken begab sich Hildegard nach Mainz und Bamberg, Trier und Metz, nach Köln und schließlich – mit 72 Jahren – sogar bis nach Süddeutschland (Maulbronn, Hirsau, Zwiefalten), um nachlässige Kleriker auf Vordermann zu bringen. Das war sensationell in jener von Männern dominierten Welt: eine Frau, die in Kirchen den Laien und Geistlichen ins Gewissen redete, ja, wo es ihr nötig schien, auch temperamentvoll wetterte.

„Eine Frau, die in Kirchen den Laien und Geistlichen ins Gewissen redete …“

Hildegard starb im Jahr 1179, mit über achtzig Jahren, in Rupertsberg. Bald schon wurde sie als Heilige gefeiert, und man erzählte von entsprechenden Wundern. Doch obwohl ein Kanonisationsprozess eingeleitet wurde, ist sie nie von der Kirche heilig gesprochen worden; denn den zuständigen geistlichen Entscheidungsträgern reichten die dokumentierten Wunder nicht. Im Heiligenkalender steht sie dennoch. Der 17. September ist ihr Gedenktag – der Tag, an dem sie für immer die Augen schloss.

So lebten die Kreuzritter im Heiligen Land

Wie die Europäer das süße Leben des Orients entdeckten

Von Britta Quebbemann

Kann man es beiden recht machen: Gott und der eigenen Ehefrau? Für Kreuzritter war das ein Dilemma, Graf Otto brachte es auf den Punkt: »Wäre Christi Lohn nicht so süße, so würde ich meine Frau nicht verlassen, die ich in meinem Herzen recht grüße«, klagte er in einem der Lieder, die er in geselliger Runde vortrug. Tatsächlich hatte er leicht reden. Otto selbst war nämlich nicht betroffen. Der Graf von der Burg Botenlauben nahe Bad Kissingen (Franken) war Single, als er sich 1197 auf ins Heilige Land machte. Otto ritt bei dieser von Kaiser Heinrich VI., dem Sohn Barbarossas, angeregten Expedition in Gesellschaft vieler deutscher Fürsten und Hochadliger. Doch während die meisten anderen wieder abreisten, als der Kaiser gestorben war, um daheim bei dessen Nachfolge mitzumischen, blieb Otto – denn in der Fremde fand er seine große Liebe.

Dabei hatte Otto wie die meisten anderen Kreuzfahrer wohl nicht beabsichtigt, sich länger im Orient niederzulassen. Wer sich entschied, »das Kreuz zu nehmen«, tat das in der Regel nicht aus wirtschaftlichen, sondern aus religiösen Gründen. Es brachen Männer auf, die »fromm, aber gewalttätig waren, von Schuldgefühlen besessen, mit reformwilligen religiösen Gemeinschaften in Verbindung standen, Familien angehörten, die die Tradition der Pilgerfahrt pflegten, bestimmte Heilige verehrten und sich bestimmten Ordenshäusern gegenüber großzügig zeigten«, so der Historiker Jonathan Riley-Smith.

Insgesamt hatten sich 1099, nach dem ersten Kreuzzug, etwa dreihundert Ritter und zweitausend Fußsoldaten entschlossen, im Königreich Jerusalem zu bleiben. Aus Europa kamen immer wieder neue Soldaten und Siedler nach, doch es lebten dort nie mehr als ein- bis zweitausend Adlige gleichzeitig. Daneben nutzten die Kaufleute die Chancen, die sich für den Orienthandel boten, als die Hafenstädte Akkon, Tripolis, Tyrus und Askalon in christlichen Besitz gelangten. Die

Händler aus Pisa, Genua und Venedig machten sich unentbehrlich dadurch, dass sie Flotten stellten. Ein Pisaner, Daimbert, wurde zum ersten lateinischen Patriarchen von Jerusalem eingesetzt. König Balduin I. (1100–1118), der Bruder Gottfrieds von Bouillon, verlieh den Genuesen je ein Drittel der Häfen Arsuf (bei Jaffa), Caesarea und Akkon und versprach ein Drittel der Zolleinnahmen von Akkon. Die italienischen Gemeinden erhielten in den Städten des Nahen Ostens eigene Stadtviertel, hatten ein eigenes Oberhaupt, eine eigene Gerichtsbarkeit, eigene Maße und Gewichte, eine Kirche, ein Bad und eine Bäckerei.

Das zerstörte Jerusalem selbst wurde schnell wieder bewohnbar gemacht. Neue Stadtviertel wurden angelegt und Klöster gegründet. Die Könige residierten zunächst in der Al-Aqsa-Moschee, ehe sie nach drei Jahrzehnten in den Davidsturm im Außenbereich der Zitadelle übersiedelten. Die Moschee wurde vom Templerorden übernommen. Das Königreich behielt die Finanzverwaltung aus muslimischer Zeit bei. Bauern, Handwerker und Händler mussten Steuern und Abgaben zahlen. Nur katholische Christen konnten Führungspositionen einnehmen.

Das Leben im Heiligen Land empfanden sie als ein Leben in Gegensätzen, Paradies und Hölle zugleich. Üppige Vegetation und Wüste, schnell eroberter Reichtum und ebenso schneller Tod, Hunger und Überfluss wechselten sich ab. Krankheiten wie Malaria, Typhus, Ruhr, Cholera, Pest und Aussatz bedrohten die Menschen ebenso, wie man sich das Leben gegenseitig schwer machte. Niemand wusste, wann ein Mörder ihm einen Dolchstoß versetzen, ein Diener ihn vergiften würde. Es konnte wie bei einer Hochzeitsfeier in Kerak 1183 geschehen, dass sich die Gäste von einer Festtafel erhoben, während die Katapultgeschosse der »Ungläubigen« gegen die Burgwälle dröhnten.

„Paradies und Hölle zugleich …“

Im Heiligen Land herrschte Kriegszustand. Auf Märschen und bei Belagerungen lebten Männer und Frauen in Lagern, teilweise befestigt mit Palisaden und Erdwällen. Die Lebensmittelversorgung war vor allem für Ärmere schlecht. Die Rationen waren klein, oft gab es nichts als Sehnen, Knochen und Häute zu essen. Trinkwasser war das zweite große Problem. Seldschuken setzten die Zerstörung von Brunnen und Zisternen als Kampfstrategie ein. Während die Männer kämpften, trugen Frauen, Kinder, Kleriker und alte Menschen Wasser, Nahrung und Munition herbei. Auf dem Weg von den Lagern zu den Kampfplätzen drohten ihnen ebenso viele Gefahren wie den eigentlichen Kriegern.

Frauen lebten besonders gefährlich. Es gab Truppen, die auf die Entführung von wohlhabend wirkenden Frauen spezialisiert waren und diese aus den Lagern kidnappten, um Lösegelder zu erpressen oder sie weiterzuverkaufen. Emeline von Bouillon wurde 1098 auf der Straße von Antiochia nach Edessa überfallen und als Geisel verschleppt. Ihr Ehemann und mehrere Reisegefährten kamen um, sie musste einen Seldschuken heiraten. Eine andere Frau würfelte mit einigen Männern in einer Kampfpause in einem Obstgarten vor den Toren Antiochias. Seldschuken drangen in den Garten ein, töteten die Männer, verschleppten die Frau, vergewaltigten sie eine ganze Nacht lang und schlugen ihr dann den Kopf ab. Die »Franken« sollten durch die Vergewaltigung ihrer Frauen gedemütigt werden, da sie sich als unfähig erwiesen hatten, ihrer Schutzverpflichtung nachzukommen. Die Forscher sind sich nicht sicher, ob es sich bei dieser Erniedrigungsstrategie des Gegners um Ausnahmeerscheinungen oder um die Regel handelte. Vergewaltigungen kamen auf beiden Seiten vor.

„Die Eroberer nahmen schnell einige Errungenschaften islamischer Zivilisation an.“

In den Zeiten der Waffenruhe bemühte sich König Balduin I. um eine Förderung der Wirtschaft. So schaffte er die Zölle auf Grundnahrungsmittel ab: Weizen, Gerste, Bohnen, Linsen oder Kichererbsen waren frei, sogar Sarazenen, wie man die Araber auch nannte, konnten Getreide und Gemüse in die Stadt bringen. Den Karawanen des Scheichs von Transjordanien wurde freies Geleit zugesichert. Balduin förderte die Einwanderung von Christen, gleich, ob es sich um orthodoxe oder lateinische handelte, um die verlassenen Landstriche in Judäa zu besiedeln. Juden und Muslime durften sich in ländlichen Gebieten niederlassen und dort Synagogen und Moscheen bauen.

Die Eroberer nahmen schnell einige Errungenschaften islamischer Zivilisation an. In der Heimat hatten sie nur wollene Kleidung und grob gezimmerte Möbel gehabt. Teppiche waren weitgehend unbekannt gewesen und das Essen eintönig. So erschien der Orient vielen erst einmal als ein Paradies: »Man sollte wissen, dass das Heilige Land unter allen Ländern das beste heute ist … Denn das Land ist sehr fruchtbar für den Anbau von Getreide, das fast ohne Mühe wächst und gedeiht. Allerlei Kräuter bringt der Boden wild hervor. Fenchel, Salbei, Raute und Rosen wachsen allenthalben im Feld. Baumwolle wächst in Gesträuchen, und ebenso gedeiht dort das Zuckerrohr … Der Wein des Heiligen Landes ist sehr gut und von edlem Geschmack … Feigen gibt es außerdem und Granatäpfel, Honig und Öl und die verschiedensten Sorten von Gemüse wie Melonen und Gurken«, schrieb um 1280 der Dominikanermönch Burchardus de Monte Sion. Was er damals nicht notierte: Diese Fülle konnte dem Land nur mühsam mit aufwändigen Bewässerungssystemen abgerungen werden.

Anscheinend fühlten sich die Europäer wohl in den neuen Gefilden: »Wer vorher Abendländer war, wurde nun Orientale, wer Italiener oder Franke war, wurde Palästinenser. Ihr Besitz war schon erblich. Einige nahmen Syrerinnen oder getaufte Sarazeninnen zur Frau. Sie eigneten sich Wörter der verschiedenen Sprachen an. Wer im Abendland arm war, den machte Gott in diesem Land reich, wer wenig Geld hatte, besaß unzählige Goldmünzen, wer nicht einmal einen Landsitz hatte, besaß durch Gottes Gnade eine Stadt«, schrieb Fulcher von Chartres euphorisch. Freilich ging es nur den Adligen so gut; zudem dienten solche Aussagen wohl vor allem der Propaganda, um mehr Menschen in die Kreuzfahrerstaaten zu locken.

Wenn adlige Europäer Orientalinnen heirateten, dann jedenfalls meist aus politischen Gründen – ebenso wie daheim bei Hochzeiten des Hochadels persönliche Vorlieben meist anderen Interessen untergeordnet waren. Das musste auch Graf Otto von Botenlauben erfahren, der als Henneberger immerhin zur Elite des deutschen Adels gehörte. Denn er gewann zwar die Liebe seiner Angebeteten, der schönen Beatrix von Courtenay, doch musste er sie erst aus einem Heiratsversprechen loseisen. Denn Beatrix war schon als Kind dem jüngeren Bruder des Jerusalemer Königs zugesagt worden. Ihre Familie war eng mit dem Herrscherhaus verbunden, und auch wenn sie eine armenische Urgroßmutter hatte, gehörte sie zum Aufsteigeradel der Kreuzfahrerstaaten.

„Wenn adlige Europäer Orientalinnen heirateten …“

Diese Kreuzritter holten sich ihre Frauen meist aus Europa und sprachen untereinander weiterhin französisch. Für orientalische Frauen, gleich ob Christin oder Muslimin, blieb meist nur das Konkubinat. Selbst Heraclius, der Patriarch von Jerusalem, hielt sich eine verheiratete Frau als Mätresse. Anders sah es bei den nichtadligen Europäern, den Bauern, Handwerkern und Fußsoldaten aus. Sie heirateten so oft orientalische Christinnen oder getaufte Musliminnen, dass sich aus diesen Beziehungen eine eigene Gruppe, Pullanen genannt, herausbildete, die im Kriegsfall als Fußvolk herangezogen wurde. Arabisch wurde für sie zur Umgangssprache.

Nur wenige Burgen wurden auch in Friedenszeiten als Wohnstätte genutzt, die Adligen lebten in den Städten. Einen besonders prächtigen Palast bewohnten die Herren von Ibelin in Beirut. Armenische, syrische und byzantinische Handwerker hatten ihr ganzes Können eingesetzt. Die Decken, Wände und Fußböden waren aus Marmor, der Boden wirkte wie gekräuseltes Wasser. Im Zentrum des Hauses kühlte ein Brunnen mit Fontäne die Räume. Große Fenster boten einen weiten Ausblick über Meer und Gärten. Teppiche, Vorhänge, Bett- und Tischwäsche, kunstvolle Möbel, Porzellan aus China und Glasgefäße, goldene und silberne Geräte fanden sich in den Wohnungen der meisten Kreuzritter. Die Paläste wurden durch Rohrleitungen mit frischem Wasser versorgt.

„In Europa konnten sich solchen Luxus nur die allerreichsten Fürsten leisten.“

In Europa konnten sich solchen Luxus nur die allerreichsten Fürsten leisten. Ägyptische Köchinnen bereiteten die Speisen nach einheimischen Rezepten zu, und syrische Leibärzte sorgten für das Wohl der europäischen Adligen, die mittlerweile auch die Vorzüge von Turban und seidenem Burnus, dem typischen Umhang der Araber, kennen gelernt hatten. Zaumzeug, Sattel und Waffen waren bald so verziert wie die der Sarazenen, und Ritter trugen über der Rüstung einen leinenen Umhang zum Schutz gegen die Sonne. Die Frauen der Adligen, der Kaufleute und auch die Kurtisanen trugen ein langes Untergewand und eine kurze, oft kostbar mit Goldfäden bestickte und mit Edelsteinen besetzte Jacke. Sie verhüllten sich mit einem Schleier und schminkten sich.

Die meisten Menschen lebten in den Städten, die wegen der ständig drohenden Angriffe gut befestigt waren. Tripolis zählte um 1000 n. Chr. 80 000 Einwohner und umfasste ein umgrenztes Areal von 12 000 Hektar. Neben Palästen gab es fünf- bis sechsstöckige Häuser. Die Städte hatten zum Teil noch eine zentralisierte Wasserversorgung, die aus der Antike stammte. Selbst eine Straßenbeleuchtung, die mit Pflanzenöl betrieben wurde, gab es. Öffentliche Badehäuser, Krankenhäuser, Bibliotheken und Schulen gehörten zum Stadtbild.

Handel und Handwerk blühten im Orient. Hauptumschlagplatz war nach dem früheren Zentrum Alexandria nun Akkon. Hier trafen sich Kaufleute aus aller Herren Länder. Gehandelt wurde mit Samt und Seide, Glaswaren, Töpfereierzeugnissen, Wein, Zucker aus Zuckerrohr und anderen landwirtschaftlichen Produkten. Daneben gab es Drogen und Arzneimittel wie Ingwer, Aloe und Weihrauch, Gewürze, Färbemittel wie Indigo und Rotholz, damaszenische Stahlwaren, Parfums, Juwelen und Porzellane. Umgekehrt wurden Textilien aus England, Flandern und Frankreich in die islamische Welt geliefert. Kupfer, Blei, Eisen, Holz und Pech für Schiffbau und Waffenproduktion kamen ebenfalls aus Europa. Und nachdem die Besitzungen jenseits des Jordans für die Kreuzfahrer verloren gegangen waren, mussten auch Grundnahrungsmittel importiert werden. Mit den regelmäßig verkehrenden Schiffen trafen Pilger, Angehörige der Kreuzritter, Abenteurer und Auswanderer ein. Andere kehrten heim. Auch Graf Otto von Botenlauben reiste mindestens einmal ins Frankenland zurück, während seine Frau Beatrix im Heiligen Land blieb. Vier bis fünf Wochen dauerte die Überfahrt von Italien ins Heilige Land.

„Die kulturelle Kluft blieb.“

Es ergaben sich auch Kontakte zwischen der muslimischen und der christlichen Oberschicht; diplomatische Beziehungen wurden geknüpft und militärische Bündnisse beschlossen. Doch die kulturelle Kluft blieb. Während sich viele orientalische Fürsten für die Wissenschaften interessierten, konnten europäische Feudalherren kaum nachvollziehen, warum ein arabischer Krieger über den Verlust von 4 000 Büchern nach Plünderung seines Schiffes klagte. Die kulturellen Zentren in Tripolis, Antiochia und anderen Städten blieben deshalb arabisch dominiert. Ihre großen Bibliotheken wurden von den Kreuzfahrern nicht genutzt. Deren »barbarisches« Verhalten hatte sich schon beim ersten Kreuzzug gezeigt, als die große Bibliothek von Tripolis vernichtet wurde und die jüdische Bibliothek in Jerusalem viele Werke verlor.

Ob sich wegen des versprochenen Sündenerlasses immer mehr finstere Gestalten auf den Weg ins Heilige Land machten, ist unklar. Jedenfalls häuften sich die Klagen über den Verfall der Sitten bei den Kreuzfahrern – vor allem nach dem Fall von Edessa 1146 und dem Misserfolg des zweiten Kreuzzuges. Es kam die Frage auf, ob es am unkeuschen Verhalten der Teilnehmer gelegen haben könnte, sobald ein Kreuzzugsunternehmen scheiterte. Als Erstes wurden dann Frauen, Würfelspieler und Spaßmacher aus den Lagern ausgewiesen.

Gewöhnlich gab es in Lagern und Städten auch Bordelle und frei umherziehende Frauen, die ihre Dienste anboten. Angeblich kamen ganze Schiffsladungen von Dirnen an. So beschreibt der arabische Zeitzeuge Imad ad-Din die Ankunft von 300 »schönen, jungen und verlorenen Frauen« vor Akkon. Dem Ruf der Sünde folgend seien sie dorthin gereist, »weil sie sich selbst wie für ein frommes Werk geopfert hatten, die Keuschesten und Kostbarsten unter ihnen hatten sich angeboten (...) Sie verteilten sich auf die Zelte, die sie errichtet hatten, andere schöne junge Mädchen kamen dazu, und sie öffneten die Pforten der Genüsse, weihten als Opfer, was sie zwischen den Schenkeln hatten, ließen der Zügellosigkeit freien Lauf, wandten sich zur Ruhe, entfernten alles, was sie hinderte, sich zu verschenken: Sie betrieben lebhaften Handel mit der Ausschweifung (...)«. Der muslimische Beobachter hat dafür zwei Erklärungen: Entweder sie gaben sich für Geld hin oder es war tatsächlich ihr Dienst am Kreuz. Erstaunt meinte er, dass es in den Augen der Franken keine Sünde sei, wenn eine ledige Frau sich einem unverheirateten Mann hingebe, der in seiner Not Erleichterung fände.

»‚Sie betrieben lebhaften Handel mit der Ausschweifung.'«

Ganz so locker ging es dann doch nicht zu. Der Chronist Jean de Joinville (1225–1317) berichtet von einem Kreuzzugsteilnehmer, der in einem Bordell in Caesarea in Gesellschaft einer Hure angetroffen worden war. Der französische König Ludwig IX. (»der Heilige«), der den siebten Kreuzzug anführte, stellte ihn vor die Wahl, entweder bis aufs Hemd entblößt und mit einem Strick um seine Genitalien von der

Frau durch das Lager geführt zu werden oder aus dem Heer auszuscheiden. Der Ritter gab Pferd und Waffen ab und zog fortan als Fußsoldat ins Feld.

Freilich war das Schlachtenglück trotz dieser Disziplinierungsmaßnahmen nicht dauerhaft zu sichern. Jerusalem selbst war schon an Saladin gefallen, als Graf Otto ins Heilige Land kam und Beatrix kennen lernte. Es ging bergab mit der Kreuzfahrerherrlichkeit im Nahen Osten. Das mag auch Graf Otto von Botenlauben erkannt haben. Nach der Zerstörung der Burg von Toron 1219 verkaufte er sein Gut im Königreich Jerusalem an den Deutschen Orden und zog mit seiner französischsprachigen Frau, die im Heiligen Land aufgewachsen war, auf seine Burg Botenlauben. Wenn es stimmt, was Forscher vermuten, dann kehrte er auch später noch gelegentlich ins Heilige Land zurück, sei es als Teilnehmer an weiteren Keuzzügen, sei es als Pilger. Immerhin hatte er im Orient tatsächlich die Seligkeit auf Erden gefunden – seine Frau, wie er sang: »Sie kann sehr wohl mein Himmelreich sein, wo immer die Gute wohne am Rhein.«

Hundert Jahre Krieg in Europa

Als der Streit zwischen England und Frankreich kein Ende nahm

Von Sigurd Merker

Auf der Burg Machecoul, ganz im Westen Frankreichs, lebt ein 11-jähriger Adliger, genannt Gilles de Rais. Er wird von zwei Hauslehrern erzogen und genießt eine überdurchschnittlich gute Ausbildung. Daneben bereitet er sich auf das Kriegshandwerk vor. Wir schreiben das Jahr 1415.

Drei Todesfälle ereignen sich in diesem Jahr, die das Leben des jungen Barons beeinflussen: Zum einen sterben in diesem Jahr Gilles' Vater und Mutter. Gilles beerbt seine Mutter und kommt unter die Vormundschaft seines Großvaters, Jean de Craon. Und bei der berühmten Schlacht von Azincourt fällt sein Onkel, Craons Sohn, im Kampf gegen die Engländer. Gilles, ohnehin begütert, erhält dessen Besitz und wird so einer der reichsten Erben des gesamten Königreichs. Wenn sich der junge Gilles nach der Ursache dieses Krieges gefragt hätte, dem er seinen Reichtum verdankte – er hätte wohl kaum eine Antwort gewusst. Schon der Großvater, der 60-jährige Jean de Craon, wurde ja in den Krieg gegen England hineingeboren.

Abends, am Feuer des Kamins, mochte man sich vielleicht von dem mächtigen König Heinrich II. von England erzählen, der im Jahr 1151 Eleonore von Aquitanien heiratete. Heinrich, der auch Herzog der Normandie war, gebot über ein Reich, das von Schottlands Grenze im Norden bis an die Pyrenäen im Süden reichte. Die französischen Könige, die nur noch im Zentrum Frankreichs herrschten, eroberten nach dem Tod Heinrichs (1189) in einem »ersten Hundertjährigen Krieg« große Teile dieses Reiches zurück, so dass den Engländern 1259 nur noch die Guyenne, die Gegend um Bordeaux, verblieb. Dieser Status quo wurde im Vertrag von Paris besiegelt, ein Ende der Kämpfe brachte er nicht. Um die Guyenne entflammten sie stets aufs Neue.

Trotz aller Feindseligkeiten heirateten aber die königlichen Familien untereinander. So ehelichte der englische König Eduard II. im

Jahr 1303 Isabella, die Tochter des französischen Königs, was ihm wenig Glück brachte. Denn Isabella setzte ihren Gatten, den König, der homosexuelle Neigungen hatte, mithilfe ihres Liebhabers gefangen und ließ ihn vermutlich sogar ermorden. Ihr und des Königs Sohn Eduard (III.) übernahm im Jahr 1327 in England die Herrschaft. Er ließ den Liebhaber hinrichten – seiner Mutter aber verzieh er.

Ein Jahr später starb in Frankreich Karl IV., ohne einen Erben zu hinterlassen. Der 16-jährige Eduard III., der ja über seine Mutter Neffe des französischen Königs war, sah sich schon als legitimen Nachfolger und Herrscher über Frankreich und England. Die französischen Herzöge berieten über die Nachfolgefrage; sie befürchteten, der starke englische König würde ihre eigene Macht zu sehr beschränken. Sie entschieden sich für den Grafen Philipp von Valois, obwohl er nur entfernt mit dem verblichenen König verwandt war. Der simple juristische Trick dabei: Sie beriefen sich auf einen alten germanischen Rechtsartikel, der die Erbfolge über die weibliche Linie ausschloss. Worüber sie großzügig hinweggingen: Dieser Rechtsgrundsatz war längst nicht mehr in Gebrauch. Auch Gilles de Rais hatte Namen und Besitz über die weibliche Linie geerbt. Eduard pochte auf sein Recht, doch gab er schließlich nach und leistete Philipp VI. den Lehnseid als Herzog der Guyenne. Mit juristischen Mitteln war dieser Konflikt sowieso nicht zu lösen: Es existierte keine (international anerkannte) Vorschrift, wie in einem solchen Erbfolgefall zu verfahren sei. Recht bekam der Stärkere, und dieses Recht versuchte sich Eduard mit den Waffen zu holen.

„Recht bekam der Stärkere.“

Philipp schickte im Gegenzug 1336 ein Korps französischer Soldaten zu den Schotten, die um ihre Unabhängigkeit von England kämpften. Ein Jahr später konfiszierte er die Guyennne, den umstrittenen Landstrich bei Bordeaux. Nun erklärte sich Eduard zum rechtmäßigen König in Frankreich (1337) und setzte mit Truppen auf den Kontinent über. Es begann der Krieg, der über hundert Jahre dauern sollte. Der englische König knüpfte Verbindungen zum deutschen Kaiser, Ludwig dem Bayern, und zu einem flämischen Städtebund, zum dem sich neben anderen Städten Gent, Brügge und Ostende zusammengeschlossen hatten. Zu Letzteren unterhielt England gute Handelsbeziehungen, wurde doch hier die englische Wolle an die Holländer verkauft, die daraus Tuche webten.

Die gegnerischen Heere wichen sich zunächst aus. Entscheidend für Eduard aber war die Seeschlacht bei Sluis, dem damaligen Hafen von Brügge: Die siegreichen Engländer schufen sich hier 1340 einen Brückenkopf für den Nachschub, den sie für weitere Kämpfe brauchten. Papst Benedikt XII. vermittelte einen Waffenstillstand, doch der währte nicht lange. Denn nun war es auch noch in der Bretagne zur Erbfolgefrage gekommen, und die verfeindeten Staaten stritten sich um das Herzogtum. Außerdem hetzten die Engländer die Franzosen in Westfrankreich gegen ihre Herren auf: Es brachen Aufstände aus, die Philipp mit Waffengewalt unterdrückte.

Eduard betrat den Kontinent erst wieder 1346. Immer zeigte sich der englische Kriegsherr den französischen Truppen überlegen – besonders schrecklich war für sie die Niederlage bei Crécy. Die Engländer marschierten nach Calais, belagerten die Stadt und eroberten sie im August 1347. Damit hatten sie sich einen weiteren wichtigen Brückenkopf geschaffen. Auch an ihrer zweiten Front, im Norden, waren die Engländer erfolgreich: Sie besiegten die Schotten bei Neville's Cross und nahmen deren König gefangen. Zum Lohn für verdiente Ritter schuf Eduard ein Jahr später, zurück in England, den berühmten Hosenbandorden, der noch heute verliehen wird. Als Wahlspruch des Ordens wählte er, bezeichnenderweise auf Französisch, den Spruch: »Honi soit qui mal y pense« (Ein Schurke, wer Schlechtes dabei denkt).

Während die Engländer ihren Triumph mit rauschenden Festen und glänzenden Turnieren feierten, schlug zunächst auf dem Kontinent, dann auch in England, der schwarze Tod unbarmherzig zu. Diese »Geißel Gottes« war in Europa seit Jahrhunderten erloschen. 1346 wurden die Pesterreger durch Seeleute eingeschleppt, die von der Krim kamen. Von den Hafenstädten breitete sie sich entlang der Flussläufe aus und raffte binnen kurzem die Bevölkerung dahin. Besonders die Ärmeren waren zusätzlich durch eine Hungersnot geschwächt, die in Frankreich ausgebrochen war. Denn eine Klimaverschlechterung hatte seit 1340 die Ernten mager ausfallen lassen. Traurige Bilanz der ersten Pestwelle, die 1349 erlosch: Ein Drittel der Bevölkerung

„Auf dem Kontinent schlug der schwarze Tod unbarmherzig zu.“

war der Seuche erlegen, und wer überlebte, der wurde Opfer einer der nächsten Epidemien, die sich mit einem Abstand von zehn bis 15 Jahren wiederholten.

Im gebeutelten Frankreich trat 1350 Johann II. die Nachfolge Philipps an. Zwar versuchte er, durch Verhandlungen dem Land den Frieden zu bringen – doch um seine Untertanen kümmerte er sich wenig. Vielmehr bemühte er sich, in glänzenden Festen und durch Gründung des Sternenordens das alte Ideal des Rittertums zu beleben. Aus solchen Träumen wurde er durch eine erneute Kampagne der Engländer gerissen.

Eduard, Sohn des englischen Königs, wegen der Farbe seiner Rüstung später der »Schwarze Ritter« genannt, übernahm 1355 die Verwaltung der Guyenne. Von dort aus startete er mit Söldnerheeren einen Kriegszug, bei dem er Süd- und Westfrankreich verwüstete. Zwar trat ihm ein Jahr später Johann II. mit einem zahlenmäßig überlegenen französischen Heer bei Poitiers entgegen, doch taktische Fehler brachten ihm den Untergang: Die Franzosen wurden geschlagen, ihr König geriet in englische Gefangenschaft.

Wieder handelte man einen Waffenstillstand aus. Doch war für die Bevölkerung der Krieg schon schlimm genug, war der Frieden fast noch schlimmer: Die entlassenen Söldner zogen marodierend durchs Land und hielten sich bei den Bauern schadlos. Folge: Die schutzlos ausgelieferten Bauern im Norden Frankreichs rebellierten gegen die Adeligen, die, statt den Söldnerhorden Einhalt zu gebieten, den Bauernaufstand blutig niederschlugen. Zur gleichen Zeit hatte sich auch die Pariser Bevölkerung unter dem reichen Bürger Etienne Marcel erhoben, da sie jedes Vertrauen in ihren König verloren hatte. Der Aufstand wurde 1358 durch Karl V., den Thronfolger, der für den gefangenen König regierte, mit Waffengewalt unterdrückt.

»War für die Bevölkerung der Krieg schon schlimm genug, war der Frieden fast noch schlimmer.«

Während dieser chaotischen Zeit verhandelte man in London um das Lösegeld, das für Johann zu bezahlen sei – 4 Millionen Gold-Écus – und um die Bedingungen für den Frieden. Ergebnislos: Die französischen Adeligen konnten oder wollten das Geld nicht aufbringen, und so startete 1359 Eduard III. einen erneuten Feldzug im Nordosten Frankreichs. Unter seinem Druck kam es ein Jahr später schließlich doch zum Friedensschluss, ausgehandelt in Bétigny, ratifiziert in Calais: Frankreich verlor den gesamten Norden und Westen an die Engländer, das Lösegeld für Johann wurde auf 3 Millionen Écus festgesetzt. Der König kehrte in ein geteiltes und erschöpftes Land zurück, wo immer noch die Söldnerhorden wüteten.

Doch die Franzosen wollten die Teilung ihres Landes nicht hinnehmen, und die Söldner sollten bald wieder Arbeit bekommen. Unter dem bretonischen Heerführer Bertrand du Guesclin, von Karl V. (seit 1364 auf dem Thron) zum Oberkommandierenden ernannt, erkämpften die Franzosen sich in den folgenden Jahren mithilfe der Söldner zäh und schrittweise das Land zurück und bereiteten den Engländern empfindliche Niederlagen. 1377 starb Eduard III., der große Kriegsherr der ersten Phase des Hundertjährigen Krieges. Da ein Jahr zuvor sein ältester Sohn, der Schwarze Prinz, gestorben war, wurde dessen zehnjähriger Sohn Richard II. gekrönt. 1380 trat auch in Frankreich ein Minderjähriger die Thronfolge an: der 12-jährige Karl VI. Während beide Länder von Kindern regiert wurden und Günstlinge um die Macht bei Hofe stritten, wurde auch noch die letzte Autorität – die geistliche – zutiefst erschüttert.

„Eine Spaltung der Christenheit …“

Unter dem Druck der französischen Könige residierten die Päpste seit 1309 in Avignon (»Babylonische Gefangenschaft« der Kirche). Viele Päpste und noch mehr Kardinäle waren Franzosen. In der südfranzösischen Stadt selbst ließen die Päpste einen prächtigen Palast errichten und investierten in die Wirtschaft. Finanziert wurde das alles durch Steuern, die sie rücksichtslos vom gebeutelten Kirchenvolk eintrieben. Als ob das noch nicht genügt hätte, die Autorität der Kirche zu untergraben, forderten die römischen Adeligen einen »italienischen« Papst und wählten 1378 Urban VI. Im selben Jahr wurde Clemens VII. von der avignonesischen Fraktion zum Papst erkoren – womit das »Große Abendländische Schisma« begann, das erst auf dem Konstanzer Konzil (1415) beendet wurde. Diese Zweiteilung der obersten geistlichen Autorität hatte nicht nur eine Spaltung der Christenheit zur Folge: Das Deutsche Reich, Italien und England unterstützten den römischen, Frankreich, Neapel, Burgund und Kastilien hielten zum avignonesischen Papst. Die Spaltung betraf auch den kleinen Mann. Denn der fragte sich: Waren die Sakramente, die etwa ein Priester der einen Fraktion spendete, der Weg zur Erlösung aus der ewigen Verdammnis, oder waren sie keinen Pfifferling wert?

Dennoch schien gerade in jener Zeit ein Friedensschluss zwischen den verfeindeten Staaten in greifbare Nähe zu rücken. Richard II., nun volljährig, hatte sich 1389 von seinen Günstlingen getrennt und verhandelte direkt mit dem König von Frankreich. Für diesen hatten sich die Verhältnisse noch weiter kompliziert. Der Herzog von Burgund, Philipp der Kühne, hatte 1384 durch geschickte Heiratspolitik Flandern, Artois im Norden und die Franche-Comté im Südosten Frankreichs erworben. Ein mächtiges, von Paris relativ unabhängiges deutsch-französisches Zwischenreich war entstanden. Philipp war es auch, der 1385 die Heirat Karls VI. mit der 15-jährigen Elisabeth von Bayern (genannt Isabeau) einfädelte. Denn er wollte sich der Unterstützung der Wittelsbacher versichern – man wusste ja nie, was kommen würde.

»… profitable Raubzüge in Frankreich.«

Eine weitere Heirat – ebenfalls auf Philipps Betreiben zustande gekommen – sollte einen Waffenstillstand zwischen England und Frankreich besiegeln, der 1396 für 28 Jahre beschlossen worden war: Richard II. wurde mit Isabella vermählt, der sechsjährigen Tochter Karls VI. Im Oktober desselben Jahres trafen sich die beiden Könige in Frankreich, und die diplomatischen Verhandlungen wurden durch glänzende Feste unterbrochen. Doch dann kam alles ganz anders. Den englischen Adeligen passte Richards Friedensbereitschaft nicht ins Konzept – sie führten lieber profitable Raubzüge in Frankreich. Sie setzten Richard im Tower von London fest, wo er 1400 unter mysteriösen Umständen starb. Sein Nachfolger wurde Heinrich IV. aus dem Hause Lancaster. (Er schickte Isabella nach Frankreich zurück, nicht ohne vorher ihren Schmuck zu konfiszieren.)

Der französische König Karl VI. hingegen, der seit 1392 unter Anfällen von Wahnsinn litt, versank immer häufiger in einen Zustand, in dem geistige Umnachtung und Raserei wechselten. Die Regierungsgeschäfte führten sein Bruder Ludwig, der Herzog von Orleans, und Philipp der Kühne von Burgund. Isabeau hielt sich vorerst aus der Politik heraus – sie liebte die raffinierten Gesellschaftsspiele und rauschenden Feste, mit denen sich der Adel die Zeit vertrieb, oder widmete sich ihrem Hobby, der Vogelzucht. Zunächst hielt der einflussreiche Philipp von Burgund die Zügel fest in der Hand, doch mit dessen Tod im Jahr 1404 verschob sich das Machtgleichgewicht zugunsten des ehrgeizigen Ludwig von Orleans. Dieser versuchte – ohne rechten Erfolg – weitere Gebiete von den Engländern zurückzuerobern. Erfolgreicher war er bei Isabeau von Bayern, die er für seine Politik gewinnen konnte und mit der er wohl auch ein intimes Verhältnis anknüpfte. Somit ist es nicht erstaunlich, dass später besonders von den Engländern die eheliche Abkunft des Thronfolgers Karl, 1403 geboren, angezweifelt wurde. (Alle anderen der insgesamt 12 Kinder Isabeaus starben oder waren Mädchen.)

Johann Ohnefurcht, der neue Herzog von Burgund, sah seinen Einfluss bei Hof schwinden. Der Gegensatz zwischen den beiden Fürsten kulminierte in offener Feindschaft. Als Johann im Jahr 1407 den Herzog Ludwig von Orleans ermorden ließ und Paris besetzte, brach ein Bürgerkrieg zwischen den verfeindeten Parteien aus: den Bourguignons (Burgundern) und den Armagnacs. Diesen Namen gaben sie sich nach dem Grafen Bernhard VII. von Armagnac, der 1413 für den Erben Ludwigs Partei ergriffen hatte und ihr Führer wurde.

Im selben Jahr trat Heinrich V. von England die Nachfolge seines Vaters an. Der energische König war entschlossen, die englische Herrschaft in Frankreich wiederzuerrichten und England zur stärksten Macht Europas zu machen. Außerdem war er als Nachfahre der Eleonore von Aquitanien und Eduards III. von seinem Recht auf den französischen Thron überzeugt. 1415 setzte er mit einem Heer nach Frankreich über und fügte den Franzosen bei Azincourt eine der schwersten Niederlagen der Geschichte zu. 10 000 Franzosen sollen bei den Kämpfen gefallen sein, unter ihnen auch der schon erwähnte Onkel des Barons Gilles de Rais. Die Burgunder traf es allerdings nicht: Ein Kontingent Johanns Ohnefurcht war schlicht zu spät zur Schlacht erschienen. Ein taktischer Schachzug, denn er wollte seine Armee schonen – und der Burgunder erkannte Heinrichs Recht auf die französische Krone an.

> **„Heinrich V. war entschlossen, England zur stärksten Macht Europas zu machen.“**

Doch nach dieser strebte auch Bernhard von Armagnac: Er ließ Isabeau festsetzen, brachte den Thronfolger Karl unter seine Fittiche und regierte in Paris für den kranken König. Dort richtete er unter den Burgundern ein Blutbad an. Damit trieb er Isabeau, die sich als die rechtmäßige Regentin betrachtete, in die Arme des Burgunderherzogs, der sie aus ihrer Haft befreite. Auch Johann trachtete nach der Krone.

Der lachende Dritte in diesem Machtkampf war Heinrich V., der in einem zweiten Feldzug (1417) den gesamten Norden Frankreichs unterwarf. Johann von Burgund bildete in Troyes mit Isabeau eine Gegenregierung zum rechtmäßigen Dauphin, dem Thronfolger, der noch immer auf Seiten der Armagnacs stand. Dann eroberte Johann Paris und wütete seinerseits unter den Armagnacs. Doch auch Johann und Isabeau konnten der englischen Kriegsmaschine nichts entgegensetzen. Nachdem auch Rouen gefallen war, versuchte Johann, sich mit dem Bürgerkriegsgegner auszusöhnen, um die Kräfte zu vereinen. Die Parteien trafen sich 1419 in Montereau, 80 Kilometer östlich von Paris, zu Verhandlungen. Doch über ein paar einleitende Worte kam man nicht hinaus – Johann von Burgund wurde von einem Attentäter unter den Augen des Dauphins Karl ermordet.

Noch im selben Jahr wechselte Philipp der Gute, Johanns Nachfolger, die Fronten. Um den Mord an seinem Vater zu rächen, verbündete er sich mit den Engländern. Im Vertrag von Troyes, den Isabeau und Philipp 1420 für den geisteskranken König unterzeichneten, enterbten sie den Dauphin Karl (den man als Drahtzieher des Attentats ansah) zugunsten Heinrichs V. Zum Unterpfand erhielt der englische König Katharina, die Tochter Karls VI. und Isabeaus, zur Frau.

1422 starben sowohl der wahnsinnige Karl VI. als auch der englische König. Die Nachfolge trat der unmündige Heinrich VI. an: als König von England – und Frankreich. Dieses Land aber war nun dreigeteilt: in den Teil, über den der Dauphin gebot, in das mächtige Herzogtum Burgund und in den englischen Besitz, den Johann von Bedford für den König verwaltete. Doch Frieden herrschte nicht. Frankreich hatte wahrlich göttliche Hilfe nötig.

Gilles de Rais hatte in der Zwischenzeit das allgemeine Chaos genutzt: Nach Raubrittermanier eignete er sich, ohnehin schon sehr begütert, benachbarte Ländereien an. Doch er strebte nach Höherem. Also begab er sich 1427 mit einem stattlichen Heer zum Dauphin, dem er seine Dienste anbot. Dieser nahm das Angebot an, und so führte

Gilles seine Truppen an der Seite Johannas bei Orleans in die Schlacht. Mit ihrem entscheidenden Sieg wendete Johanna das Blatt zugunsten Frankreichs. Das zwischen 1410 und 1412 geborene Bauernmädchen hatte, angetrieben von Visionen, die Moral der Franzosen gewaltig gestärkt und ihnen zu manchem Sieg verholfen. Doch dann geriet sie in die Hände der Engländer, die sie der Hexerei anklagten. Am 30. Mai 1431 starb sie in Rouen auf dem Scheiterhaufen.

„Mit ihrem entscheidenden Sieg wendete Johanna von Orleans das Blatt zugunsten Frankreichs."

Wie endet jedoch Gilles? Nach dem Erfolg bei Orleans zum Marschall Frankreichs ernannt, bleibt er zunächst im Gefolge Karls. Doch sein Waffenruhm verblasste. Er zog sich auf seinen Besitz zurück, feierte Feste, vergeudete sein Vermögen. Außerdem widmete er sich dem Teufelskult und der Alchimie. Ab 1432 ließ er von Helfern Kinder – meist Knaben – auf seine Burg Machecoul entführen, vergewaltigte sie und tötete sie bestialisch zur Steigerung seiner Lust. 1440 deckte der Bischof von Nantes seine Verbrechen auf und eröffnet ein Inquisitionsverfahren. Die Untersuchung ergibt: Mindestens 140 Kinder sind dem Baron zum Opfer gefallen. Gilles stirbt am Galgen, seine Leiche wird verbrannt.

Eygentliche Contrafactur

Deß Sinreichen vnd weit= berühmbten Hansen Sachssens/ Für= nemmen Teutschen Poetens/ Seines Al= ters ein vnd achtzig Jahr.

Ex Sutore DEVS Vatem, magnumq́ Poëtam
Fecit, ut hinc discas mira patrare DEVM.
Non DEVS acceptat personam ex gentibus ullam,
Sæpe etiam Sutor verba benigna tulit.

Also war ich Hans Sachs gestalt/
Gleich ein vnd achtzig Jahre alt/
Zehen Wochen/darzu fünff Tag
Da ich von hin/ schmertzlich mit klag
Durch die Allmächtig Gottes Wahl
Ward gfordert auß dem Jammerthal/

Vnd von den lieben Engeln bloß
Getragen in Abrahams Schos/
Leb nun im Frid/ deß mich vergwist
Mein lieber Heyland Jesus Christ/
Im sechs vnd sibentzigsten Jahr
Der neunzehende Jenner war.

Handwerker und Musensöhne
Die Meistersinger von Nürnberg

Von Ralph Kreuzer

Grob ist der Stoff, aus dem die Helden gemacht sind, und grob sind demzufolge ihre Manieren. Und was wäre besser geeignet, um »Helden« zu schaffen, als ein kräftiger Schluck aus dem Becher? Als Martin Luther am 31. Oktober 1517 seine 95 Thesen gegen den Ablasshandel veröffentlichte, löste er bekanntlich eine gewaltige Bewegung aus: die Reformation. Und er befruchtete Geister wie den Nürnberger Schuhmacher und Meistersinger Hans Sachs, der ihm zu Ehren 1523 sein Spruchgedicht von der »Wittenbergisch Nachtigall« schrieb. Im selben Jahr schuf Albrecht Dürer das Kupferstichporträt des Reformators und Humanisten Philipp Melanchthon (1497–1560). Ausschlaggebend für ihren Protest war neben dogmatischen Fragen die ausufernde Lebensweise von Adel und Klerus in der Renaissance.

Vom Augsburger Reichstag 1547/48 berichtete zu diesem Thema der venezianische Gesandte, dass nach den Morgenstunden mit den Fürsten nicht mehr ernsthaft verhandelt werden könne, weil später alle restlos betrunken seien. Zudem lieferten sich die angeheiterten Herrschaften regelrechte Schlachten, indem sie mit Tellern und Leuchtern um sich warfen und unter wüsten Beschimpfungen und Schlägereien den Herrgott einen lieben Mann sein ließen.

Gezecht und gerauft wurde natürlich quer durch die Stände, Studenten samt ihren Professoren, Handwerker, ja ganze Stadtteile traten gegeneinander an. Wo zudem die Pest wütete, gingen erst recht die guten Sitten baden, im wörtlichen Sinne: Seit dem Mittelalter verwandelten sich die städtischen Badehäuser in öffentliche Bordelle; Lautenspieler saßen in den offenen Fensterbögen und schlugen dem fröhlichen Treiben den Takt. Kein Wunder, dass in solchen Zeiten auch das Philistertum erblühte. Und als Hans Sachs seine »Tischzucht« reimte, da war ihm klar: Vornehme Kreise leben nicht etwa feiner, sie können sich schlicht und einfach mehr leisten.

In diesem Milieu gedieh geradezu zwangsläufig eine Sehnsucht nach bürgerlicher Tugend und Ordnung sowie nach einer erneuerten religiösen Haltung, die dem aufkeimenden Humanismus nahe stand. Und in der Tat setzte sich ein großer Teil vor allem der Nürnberger Meistersinger auch leidenschaftlich für den Protestantismus ein. In seinem Meisterlied von der »Insel Bachi« mahnte Sachs neben aller fantasievollen Komik das Bürgertum zu Tiefsinn und Mäßigung: »Zu nachts trieb mich die fantaseie / In ein schwere melancholeie / Nach zu gründen den dingen tief …« – und in den letzten beiden Strophen heißt es: »Aus füllerei auch folgen tut / Schant, laster und auch die armut … Doctor Freidank spricht: mer leut sterben / Von füll, dan durch das schwert verderben.«

„Die Ursprünge des historischen Meistergesangs verlieren sich im Dunkeln.“

Dass Hans Sachs und die Meistersinger im Bewusstsein eines breiten öffentlichen Publikums überlebten, verdanken sie in erster Linie dem weltbekannten Bühnenwerk Richard Wagners (1813–1883). Von einem realistischen Bild der Nürnberger Verhältnisse des 16. Jahrhunderts kann bei Wagner allerdings keine Rede sein, was auch nicht in seiner Absicht lag. Seine Oper kennt weder Religion noch Politik, sie ist eine von der deutschen Romantik beeinflusste Vision einer idealen Gesellschaft freier Bürger und Zünfte in ihrer ungehinderten Kunstausübung – und sie beschwört ein einheitliches deutsches Gemeinschaftsgefühl. Es findet sich in ihr keine Spur von dem durch die Nürnberger Obrigkeit drastisch geregelten Alltagsleben, keine Spur von Armut und Rechtlosigkeit, Standesdünkel und Gängelei. Die Meistersinger werden auf der Bühne in ihrer Bedeutung maßlos überhöht – ein durchaus legitimer Kunstgriff im Sinne von Wagners Vision. Außerdem waren in Nürnberg die Zünfte und Gilden seit 1365 verboten, denn das ewig argwöhnische Patriziat sah in ihnen nur Keimzellen von Verschwörung und Ungehorsam. Handlung und Text von Wagners Oper wurzeln tatsächlich fest im Geistesleben des 19. Jahrhunderts.

Die Ursprünge des historischen Meistergesangs verlieren sich im Dunkeln, was vor allem die Protagonisten selbst dazu verführte, ihre Herkunft mit allerlei Märchen auszuschmücken. Heute würde man wohl vom »Meistersinger e. V.« sprechen, denn es handelte sich um vereinsartige Gemeinschaften von Sängern, die nach ganz bestimmten

Regeln Lieder dichteten und voreinander in einer »Singschul« zu Gehör brachten. Der Meistergesang wurde hauptsächlich in süddeutschen Reichsstädten von Handwerkern gepflegt und hatte seine Blütezeit im 15. und 16. Jahrhundert in Nürnberg, mit Spuren, die bis ins 20. Jahrhundert reichen. (Der letzte Meistersinger hieß Friedrich Hummel und stammte aus Memmingen. Er starb 1922.)

Mit dem Begriff »Meister« befinden wir uns schon mitten in der Märchenstunde. Die richtigen Handwerksmeister waren eher in der Minderheit; man berief sich vielmehr auf die nebulösen »zwölf alten Meister«, allesamt Dichter und Musiker von edlem Geblüt – von denen die Wissenschaftler später einen zum Beispiel als den Zauberer »Klingsor« aus Wolfram von Eschenbachs Dichtung »Parzival« entlarvten. Er geisterte als »Magister Klingesur« durch die sich selbst schmeichelnden Annalen; ein weiterer, der »Edelman Marner«, war eher durch den Bettelstab geadelt als durch seine Herkunft – man hat ihn als fahrenden Dichter enttarnt, der um 1270 auf der Straße erschlagen wurde.

„Mit dem Begriff ‚Meister' befinden wir uns schon mitten in der Märchenstunde."

Andere, wie die Minnesänger Walther von der Vogelweide oder Heinrich von Meißen, genannt »Frauenlob«, waren in ihrer Kunst einfach zu bedeutend, als dass sie als Begründer des Meistergesangs hätten herhalten können. Zwar konnte man in den von Meistersingern selbst verfassten Abhandlungen des 16. Jahrhunderts lesen, dass die erste Singschule von Heinrich Frauenlob im Jahre 1315 in Mainz gegründet worden sei – aber das war wohl nichts weiter als geschickte Public Relations. Denn für jede öffentliche Singschule musste eine Genehmigung des Rates der Stadt Nürnberg eingeholt werden, und da waren die klangvollen Namen einer renommierten »Ahnengalerie« die beste Referenz.

Viel wahrscheinlicher leitet sich die Herkunft des Meistergesangs aus der Tradition der Spruchdichter ab. Das waren hauptberufliche Straßensänger, die als »fahrendes Volk« von Hof zu Hof tingelten und dort eigene Texte nach bekannten Melodien vortrugen. Ohne den geringsten Anspruch auf gesellschaftliche Anerkennung hofften sie auf die Freigebigkeit ihrer Brötchengeber und fristeten ein riskantes und höchstens an Entbehrungen reiches Leben. Wenn auch ein Walther von der Vogelweide (ca. 1170–1230) in seiner politischen Lyrik ein begnadeter Spruchdichter war, so wurde doch sein Minnesang und mithin seine höfische Lyrik von seinen rechtlosen Kollegen als »künstlerisch wertlos« abgelehnt. Das war freilich eine Anmaßung, die auf Neid beruhte.

Bereits in der Spruchdichtung des späten Mittelalters finden sich Begriffe wie »Meistersinger« oder »Merker«, die wohl hundert Jahre später übernommen wurden. Den wichtigsten Beleg für die Übergangsphase von der Spruchdichtung zu städtischem Meistergesang bezeichnet jedoch die »Kolmarer Liederhandschrift«, eine um 1460 in Rheinfranken geschriebene Sammlung, deren Texte in der Bayerischen Staatsbibliothek München einsehbar sind. Eine weitere Gemeinsamkeit ist das Dichten von Texten zu bestehenden Melodien, mit strengen Vorgaben für die Strophenform. Viele Spruchdichter verfügten zudem über eine theologische Grundbildung, und auch für den späteren Meistergesang waren religiöse Inhalte charakteristisch.

Zeugnisse für die Existenz städtischer Meistersinger-»Vereine«, vor allem in Nürnberg, Augsburg und Straßburg, gibt es erst seit dem späten 15. Jahrhundert. So fand sich beispielsweise eine Handschrift des Nürnberger Meistersingers Hans Foltz (ca. 1435–1513), die er selbst auf das Jahr 1496 datierte und in der er festhielt, man hätte »auf der singschul umb ein kleinoth« gesungen. Dem strengen Stadtrat von Nürnberg verdanken wir einige Dokumente und Beschlüsse, in denen die Meistersinger ermahnt wurden, für ihre Treffen eine Erlaubnis einzuholen. Hans Foltz war zu dieser Zeit der bedeutendste Vertreter seines Standes. Als Geselle wanderte er bis nach Nordspanien; später wurde er Wundarzt und Barbier und ließ sich endgültig in Nürnberg nieder. Er war für seine Zeit außergewöhnlich gebildet und hinterließ neben den Meisterliedern ein umfangreiches dichterisches Werk.

„Was passierte in solch einer ‚Singschul'?“

Was passierte in solch einer »Singschul«? Die Meistersinger selbst bezeichneten als Singschule zweierlei: den Anfängerunterricht, aber auch das regelmäßige Wettsingen, das sie untereinander abhielten. Man traf sich dazu jeden dritten bis vierten Sonntag zum »Hauptsingen« in der Kirche sowie anschließend zum »Zechsingen« in einer

Gaststätte. Hier wurde der Sieger des vorangegangenen Singwettstreits freigehalten. Da das Veranstalten einer Singschule den Geldbeutel strapazierte, war ihre Organisation den wohlhabenderen Handwerkern vorbehalten, nicht jedoch die Teilnahme daran. Arme und reiche Singe-»Meister« saßen gleichberechtigt nebeneinander, und die Söhne der Handwerksmeister fanden sich neben lohnabhängigen Gesellen. Neben den ortsansässigen gab es noch Sänger, die auf Wanderschaft waren und als Gäste an den Schulen teilnahmen.

> „Wie man in die Handwerkslehre ging, so erlernte man auch die ‚Singekunst' bei einem erfahrenen Meistersinger."

Der »Schulhalter«, sprich Organisator, hatte für eine Festschule (an einem kirchlichen Feiertag) bis zu zwei Gulden aufzubringen, für eine normale Singschule immerhin noch etwa einen Gulden – eine für einen Gesellen oder einfachen Handwerker unerschwingliche Summe. Unter anderem hielten die Hand auf: die Kirchdiener und Hofmeister der Kirche oder des Klosters, die Schulsieger, die Merker und die Zechsieger. Einiges floss auch in die Gemeinschaftskasse. Die Entwicklung der Singschulen war somit unmittelbar abhängig von der Wirtschaftskraft der Stadt.

Das soziale Fundament der Schulen orientierte sich am Zunftgedanken, was dem strengen Nürnberger Patriziat missfiel, das überhaupt die politische Bewegungsfreiheit stark beschränkte. Wie man in die Handwerkslehre ging, so erlernte man auch die »Singekunst« bei einem erfahrenen Meistersinger. Die Weihe der »Vereinsmitgliedschaft« wurde als »Taufe« bezeichnet, und die Erlangung des Meistertitels war die »Freiung«. Sie erhielt, wer einen eigenen »Ton« fehlerfrei vorgetragen hatte. Der Begriff »Ton« war der mittelalterlichen Lyrik entlehnt und bezeichnete die Gesamtheit von Strophenbau und Melodie. Das Lied als solches nannte man »Bar« (von Parade, ein Wort aus der Fechtersprache), die Einzelstrophe »Gesätz«. Manche Strophen umfassten bis zu hundert Verse. Da die Meistersinger in diesen mit Vorliebe die Silben zählten, ergaben sich mitunter gewöhnungsbedürftige Betonungsmuster. So schrieb zum Beispiel Hans Sachs über den befreundeten Maler Andreas Herneisen, den er gar mit Albrecht Dürer verglich: »Der weit perüembt und künstenreich / Maler, der in Nürnberg, der stat, / Den rumb, wie Albrecht Düerer hat, / Der im vergleichet mit der hant / Mit sinreichikeit und verstant.« Jede Zeile weist dabei acht Silben auf.

Eine Singschule wurde vom »Schulhalter« eröffnet, der das erste Lied vortrug und dabei die Regeln erläuterte. Dann begann der eigentliche Wettstreit: Die Teilnehmer begaben sich der Reihe nach auf den »Singstuhl« und trugen im Sitzen ihre Lieder vor; die Melodien waren einstimmig, ohne Begleitung, Chor oder Instrumente. Der älteste Merker forderte mit den Worten »Fanget an!« jeweils zum Beginn auf.

Die »Merker« bildeten quasi die Jury; sie wachten hinter einem Vorhang – dem »Gemerk« – über die Einhaltung der »Tabulatur«, der Kunstregeln. So überprüfte einer während des Hauptsingens den religiösen Inhalt der Texte, ein weiterer prüfte die Silbenzahl und wieder einer die Melodie. Zum Zechsingen waren auch weltliche Texte zugelassen. Der Sieger erhielt als Trophäe ein »Schulkleinod« – in Nürnberg war das eine Kette mit Schaumünzen. Auf einer davon war der biblische König David abgebildet, der mit Krone und Harfe den Schutzpatron der Meistersinger darstellte.

Dieses Musterexemplar eines »Herrenclubs« verdankte seine Attraktivität sicherlich nicht nur dem Umstand, dass die damaligen »Facharbeiter« das eine oder andere Zechsingen in der öffentlichen Badestube abhielten – wobei sich manch fröhlicher Geselle wohl nicht nur im »Ton« vergriff. Neben der Verbreitung der Reformation, die vor allem von Hans Sachs vorangetrieben wurde (es gab in anderen Städten auch katholische Meistersinger-Gesellschaften, etwa in Mainz oder Freiburg im Breisgau), und der Forderung nach Anstand und Moral verwirklichte der Meistergesang ein frühes Ideal des Bildungsbürgertums. Zwar gehörte Nürnberg zu den wenigen Städten, die – mit Ausnahme zweier Pfarrschulen – keine eigenen Schreib- und Rechenschulen eingerichtet hatten; es wurden jedoch, unterstützt von reichen Patriziern, private Unterrichtsstätten gegründet, in denen neben den Söhnen der Vornehmen auch die der schlichten Handwerker ihren Platz fanden. Für die »notturft der lernung« hatte man allerdings Geld aufzubringen, und daher bot die Meistersinger-Gesellschaft durchaus eine attraktive Ergänzung oder gar Alternative.

Der bedeutendste und unstreitig berühmteste Meistersinger war Hans Sachs. Sein Name steht für das gewaltige Werk von über 6 000 Liedern, darunter etwa 4 400 Meisterlieder, weit über 100 Dramen und

Komödien, Hunderten Fastnachtsschwänke und Fabeln. 1494 wurde er in Nürnberg als Sohn eines Schneiders geboren. Nach dem Besuch einer Lateinschule absolvierte er eine Lehre als Schuster und begab sich 1511 für fünf Jahre auf Wanderschaft. In München erhielt er Unterricht im Meistergesang durch den Leinenweber Lienhard Nunnenbeck, und im Jahr 1516 ließ er sich wieder in Nürnberg nieder. Hans Sachs war zweimal verheiratet und starb 1576 im damals biblischen Alter von 82 Jahren. In seinem Lebenswerk vermittelte er dem mittleren Bürgertum die gesamte literarische Bildung seiner Zeit, von der Antike bis zur Renaissance. Vom anfangs noch katholischen Nürnberg mit einem Schreibverbot belegt, avancierte er nach dem Sieg der Reformation (1525) zum Volkshelden. Fasziniert von der Lehre Martin Luthers, machte er den Meistergesang zu einem Sprachrohr des Protestantismus.

> **„Hans Sachs avancierte nach dem Sieg der Reformation (1525) zum Volkshelden.“**

Nach der »Ära Sachs« wurde der Nürnberger Meistergesang vor allem durch das tatkräftige Engagement des Meisters Ambrosius Metzger (1573–1632) am Leben erhalten. Allerdings zog mit fahrenden Komödianten vor allem aus England eine starke Konkurrenz durchs Land, und das Patriziat gab den Meistersingern immer seltener seinen Segen. Schließlich brachte der Dreißigjährige Krieg den Meistergesang nahezu vollständig zum Erliegen. Die Nachwelt hat sehr unterschiedlich über das Werk des »Schuhmacher-Poeten« geurteilt. Neben die Verklärung durch Wagner sei hier die spitze Feder Heinrich Heines (1797–1856) gestellt, dessen Kritik schon beinahe einem Rufmord gleichkommt: »Wer über die neuere deutsche Literatur reden will, muss daher mit Luther beginnen, und nicht etwa mit einem Nüremberger Spießbürger namens Hans Sachs, wie aus unredlichem Misswollen von einigen romantischen Literatoren geschehen ist. Hans Sachs, … dessen Meistergesang nur eine läppische Parodie der früheren Minnelieder … [darstellt], dieser pedantische Hanswurst, der die freie Naivität des Mittelalters ängstlich nachäfft, ist … keineswegs aber als der erste Poet der neueren Zeit zu betrachten.«

Im Rückblick auf die Nürnberger Verhältnisse des 16. Jahrhunderts sollte unser Urteil milder ausfallen. Das Antlitz der Stadt war geprägt vom Mittelalter: ein bezaubernd gotisches Gewusel aus »niedriger Häuser dumpfen Gemächern« – wie Goethe das andernorts in seinem »Osterspaziergang« beschrieb – im Schutze einer imposanten Burg. Hierin wurzelte das von Heine so verachtete Bürgertum. Der Schriftsteller Egon Friedell (1878–1938) betonte in seiner sehr profunden »Kulturgeschichte der Neuzeit«, dass mit der Heraufkunft der städtischen Handwerksordnung nicht bloß das Spießbürgertum einherging, sondern auch »die Blütezeit der treuen, sorgfältigen, kunstreichen Materialbearbeitung, der Veredelung und Verschönerung aller Stoffe, der Achtung und Andacht vor dem Arbeitsgegenstand, von der wir uns zur heutigen Zeit kaum mehr einen Begriff machen können«.

„‚Verachtet mir die Meister nicht, und ehrt mir ihre Kunst!'“

Der Alltag eines Nürnberger Handwerkers, die Anzahl der Lehrlinge und die Ladengröße waren peinlichst genau geregelt, ebenso, wie man wen ansprach oder jemandem zuprostete. Ein Geselle war quasi adoptiert in die Familie des Meisters, der für die Ausbildung seiner Schüler sorgte wie für deren moralische Führung. In solch förmlicher und mitunter engstirniger Atmosphäre konnte natürlich kein Francesco Petrarca geboren werden, wohl aber ein Hans Sachs. Und dem legte Richard Wagner die versöhnenden Worte in den Mund: »Verachtet mir die Meister nicht, und ehrt mir ihre Kunst!«

57. Dalí

Miguel de Cervantes und Don Quijote

Der Traum vom unsterblichen Ritter

Von Ernst Deissinger

Als im Februar 1587 die schottische Königin Maria Stuart nach 19-jähriger Gefangenschaft auf Schloss Fotheringhay enthauptet wurde, ging ein Aufschrei der Empörung durch das katholische Europa. König Philipp II. von Spanien gab sofort den Auftrag, eine gewaltige Armada auszurüsten. Eine Streitmacht von 130 Schiffen mit 2 500 Kanonen und 30 000 Mann sollte gegen England und die verhasste protestantische Königin Elisabeth fahren, die den Tod Maria Stuarts zu verantworten hatte. Eine solche Armada muss ausgerüstet und bevorratet werden. Schon im April ernannte Philipp die Kommissare Antonio de Guevara und Diego de Valdivia, die sich um diese Aufgabe kümmern sollten. Valdivia war dafür zuständig, in Andalusien Lebensmittel für die Streitmacht zu beschaffen. Dazu suchte er Agenten, die in seinem Auftrag vor allem Getreide und Öl aufkaufen und requirieren sollten. Unter den Bewerbern für eine Stellung als königlicher Vorratsbeschaffer befand sich ein Mann namens Miguel de Cervantes. Der vierzigjährige Veteran hatte als Empfehlung für diesen Posten einen Lebenslauf vorzuweisen, der ihn als tapferen Marinesoldaten und als einen Mann mit außerordentlichen Erfahrungen auswies. Miguel de Cervantes, Sohn eines Wundarztes, hatte in Madrid studiert und war dann als blutjunger Mann ins ferne Italien ausgewandert. Was der Bewerber verschwieg: Er hatte damals, vor seiner Ausreise nach Italien, in einem Duell einen königlichen Beamten schwer verwundet und musste mit harter Strafe rechnen. Was Miguel im Lebenslauf nicht zu verbergen hatte, war sein weiterer Werdegang in Italien. Zunächst trat er in Rom als Kammerdiener in die Dienste des jungen Kardinals Giulio Acquaviva. Bald darauf wechselte er in den Militärdienst, um für die Sache der Heiligen Liga in den Krieg zu ziehen.

Venedig, Malta, der Vatikan und Spanien hatten sich zu dieser Koalition zusammengeschlossen, um unter der Führung des Spaniers Don Juan d'Austria (ein außerehelicher Sohn Kaiser Karls V.) gegen die türkische Flotte im Mittelmeer zu kämpfen. Seine Feuertaufe überstand der junge Miguel 1571 als Arkebusier auf dem Kriegsschiff »Marquesa« bei der Schlacht von Lepanto im Golf von Korinth. Ergebnis seines jungen Heldenmuts: mehrere Schusswunden in der Brust und eine verstümmelte linke Hand. Miguel kurierte seine Verwundungen mehr schlecht als recht im Lazarett von Messina aus und beteiligte sich an Seekriegs-Expeditionen gegen Korfu und Tunis. Mit von der Partie war jetzt auch sein Bruder Rodrigo, der aus Spanien angereist war. Der Lebenslauf des Miguel de Cervantes, der für seine Bewerbung als königlicher Beschaffungskommissar auch Bürgschaften vorlegen musste, hatte noch ein besonderes Kapitel vorzuweisen, das natürlich nicht verschwiegen werden darf: 1575 hatte Miguel seinen Dienst in Italien quittiert und die Rückreise nach Spanien angetreten. Don Juan d'Austria und der Herzog von Sessa hatten ihm Empfehlungsschreiben ausgefertigt, die für seine weitere Karriere förderlich sein sollten.

Doch diese gut gemeinten Schreiben bewirkten zunächst das genaue Gegenteil. Die Galeere »El Sol«, auf der Miguel und sein Bruder Rodrigo in Richtung Heimat fuhren, wurde von Piraten überfallen. Ihr Anführer, der albanische Renegat Dali Mami, verkaufte die Brüder nach Algier, das damals ein berüchtigtes Piratennest war. Fünf Jahre fristete Miguel dort sein Leben als Sklave. Nach mehreren Fluchtversuchen wurde er schließlich von seiner Familie und Mönchen des Trinitarierordens freigekauft. Was den Freikauf so lange verzögerte: Die Piraten stuften Miguel wegen der Empfehlungsschreiben als hochgestellte Persönlichkeit ein und trieben das Lösegeld in die Höhe. Bruder Rodrigo, der kein Empfehlungsschreiben vorzuweisen hatte, war schon drei Jahre zuvor gegen ein viel geringeres Lösegeld freigelassen worden.

»Fünf Jahre fristete Cervantes dort sein Leben als Sklave.«

Pechvogel Miguel, Kriegsveteran mit verstümmelter Hand, fünf Jahre in der Sklaverei, die meiste Zeit ohne feste Anstellung, stand also jetzt in den Reihen derer, die sich für einen Posten als königlicher Beschaffungskommissar bewarben – und bekam den begehrten Job. Den Ausschlag gab vermutlich die Bürgschaft von Thomas Gutiérrez, einem befreundeten Geschäftsmann und angesehenen Gastwirt in Sevilla.

Doch wie sah das Amt eines königlichen Beschaffungskommissars wirklich aus? Mehrere Jahre zog Miguel de Cervantes Saavedra (den Beinamen Saavedra hatte er sich inzwischen nach einem entfernten Verwandten zugelegt) durch die sonnenverbrannten und staubigen Provinzen und Dörfer Andalusiens, der Kornkammer Spaniens. Zu schlechten Preisen und auf Kredit – seine Behörde zahlte niemals bar – versuchte er Getreide und Öl aufzukaufen. Dafür wurde er von Großgrundbesitzern angefeindet und beschimpft, zweimal exkommuniziert, als er Kirchengüter konfiszierte, und für alle Mühen, die dieser Job mit sich brachte, von korrupten Beamten um sein knapp bemessenes Gehalt geprellt. Mehrfach musste der Geleimte um sein Recht streiten, und dennoch erklärte er sich immer wieder bereit, die undankbare Aufgabe zu erledigen. 1590 hatte sich Miguel beim Rat von Indien um einen höheren Posten in den überseeischen Besitzungen beworben und war mit der Anmerkung abgefertigt worden: »Solle er sich solche Vergünstigungen doch zu Hause suchen.«

„Er wurde angefeindet und beschimpft, zweimal exkommuniziert und von korrupten Beamten um sein knapp bemessenes Gehalt geprellt …“

Schließlich ließ sich Miguel dazu überreden, für die königliche Steuerbehörde in der Gegend von Granada Zahlungsrückstände einzutreiben. In der Hoffnung auf ein stattliches Gehalt, das er für sich direkt von den Einnahmen abziehen sollte, hatte der Gutgläubige den Posten als Geldeintreiber übernommen. Ergebnis seiner mehrjährigen Tätigkeit: Miguel hinterlegte das eingezogene Geld und seinen Anteil bei dem befreundeten Geschäftsmann und Bankier Simón Freire in Sevilla. Kurze Zeit später erfuhr er, dass Freire einen betrügerischen Bankrott inszeniert hatte und mit einem großen Teil des Geldes spurlos verschwunden war.

Die Gläubiger legten schnell die Hand auf den Rest, die Staatskasse konfiszierte ihren Teil, und der Steuereintreiber Cervantes hatte wieder einmal das Nachsehen. Um das Unglück perfekt zu machen: Der Betrogene wurde des Betrugs angeklagt, versäumte die Termine vor Gericht und landete im berüchtigten Gefängnis von Sevilla, wo er zusammen mit zweitausend Häftlingen bis zum Jahreswechsel 1597/98 wie ein Schwerverbrecher hausen musste. Den Verwandten und Freunden tat der Unglücksrabe Miguel nicht einmal Leid. Er hätte es ja besser haben können. Schon bevor er als Beschaffungskommissar durch die Lande zog, hatte er seine Frau Catalina de Salazar geheiratet. Gemeinsam hätten sie von ihrem kleinen Landbesitz in Esquisias, einem Marktflecken südlich von Madrid, leben können. Doch Miguel hatte seine Frau nach 28 Monaten Ehe zurückgelassen und war wieder losgezogen, um dem Glück hinterherzujagen. Kinder hatte ihm Ehefrau Catalina nicht geschenkt. Seine Tochter Isabel stammte aus einer außerehelichen Beziehung und hatte, wie sich später zeigen sollte, die Rastlosigkeit des Vaters geerbt.

Vermutlich wäre Miguel, der erfolglose Glücksritter, für immer im Dunkel der Geschichte untergetaucht, hätten nicht in ihm Talente und Leidenschaften geschlummert, die sich erst jetzt, mit dem Alter, ihren Weg ans Licht bahnten. Miguel war nicht nur Soldat und Abenteurer, er war auch ein Schöngeist, der sich zum Dichter und Schriftsteller berufen fühlte. Betrieben hatte er diese Profession allerdings bislang ebenso erfolglos wie seine militärische Laufbahn. Seit seiner Jugend hatte sich Miguel als Dichter versucht, hatte Kontakt zu Dichtern und Schriftstellern aufgenommen und in den Jahren seiner Wanderschaft Dramen und Theaterstücke verfasst. Diesen Bemühungen war nur geringer Erfolg beschieden gewesen. Ein erstes von sechs geplanten Büchern mit dem Titel ›Galatea‹ war bereits 1585 gedruckt und schnell wieder vergessen worden. Zum Trost konnte sich Miguel vor Augen halten, dass auch die berühmten Schriftsteller Spaniens den Lebensunterhalt mit ihren Schreibkünsten allein nicht bestreiten konnten. Sie waren auf das Mäzenatentum reicher Adelshäuser angewiesen.

„Seit seiner Jugend hatte sich Miguel als Dichter versucht …“

Die Wende in Miguels Leben kam mit dem schockierenden Erlebnis, im Gefängnis in Sevilla zwischen stinkenden und heruntergekommenen Galgenvögeln eingesperrt zu sein. In seinem Kopf hatte sich seit Jahren etwas zusammengebraut, das in dieser Extremsituation zum Ausbruch kam. Er erfuhr am eigenen Leib, wie nahe Glanz und Elend, Aufstieg und Untergang beieinander lagen. Das betraf nicht nur seine eigene Existenz, sondern das Schicksal des ganzen Landes. Spanien erlebte, von außen besehen, sein goldenes Zeitalter. Die großen Seefahrer segelten im Auftrag des Königs in die Neue Welt und kehrten mit Schätzen reich beladen in die Heimat zurück. Doch dort hatte König Philipp II. bereits zum zweiten Mal den Staat in den Bankrott getrieben und ein weiterer stand kurz bevor. Im Reich seines Vaters, Kaiser Karls V., war die Sonne nicht untergegangen. Jetzt drohte das Weltreich in einem Schuldenberg zu versinken. Der Krieg gegen die protestantischen Gegner in Europa verschlang Unsummen. Nur ein Viertel davon wurde von den Einnahmen aus Übersee gedeckt. Der Rest musste durch ständig steigende Steuern aufgebracht werden. Spaniens Landwirtschaft lag darnieder, Landflucht und Verarmung nahmen bedrohliche Dimensionen an.

Wenn die Menschen schlechte Zeiten erleben, reden sie gern von den guten alten Zeiten und lesen Bücher, die ihnen ihre heile Welt bewahren. Hoch im Kurs standen in dieser Epoche der Depression und des Umbruchs die Ritterromane, ja, sie wurden in Spanien geradezu zum Kult. Die Erfindung und Verbreitung des Buchdrucks hatte dazu beigetragen, dass diese Werke jetzt in Stückzahlen von Tausenden unters Volk kamen. Was für uns heute die Helden der Traumfabrik Hollywood sind – Rambo, Luke Skywalker, Captain Kirk oder Terminator –, das waren damals die Heroen der versunkenen Ritterzeit. Junge, abenteuerlustige Männer nahmen sich Amadis von Gallien, Palmerin von England, Don Galaor, Bernardo del Carpio Esplandian, Platir oder den weißen Ritter Tirante zum Vorbild.

„In diesen Wochen aber öffnete sich für den Dichter Cervantes das Tor in eine neue Welt.“

Doch zurück ins königliche Gefängnis von Sevilla, zu Miguel de Cervantes: Hier hausten zeitweise bis zu zweitausend Häftlinge – Banditen, Mörder, Zuhälter, Bankrotteure, Taschendiebe, Falschspieler. Sie alle zog es in das andalusische Babylon, und viele von ihnen landeten früher oder später hinter Gittern. Mitten unter ihnen saß also zum Jahreswechsel 1597/98 Miguel und schrieb seine Rechtfertigung und sein Entlassungsgesuch an den König.

Aus Tagen wurden Wochen, aus den Wochen einige Monate, bis sich das Tor in die Freiheit öffnete. In diesen Wochen aber öffnete sich für den Dichter Cervantes das Tor in eine neue Welt. In seinem Kopf formten sich zwei Figuren, die schon bald als Helden eines grandiosen

Romans zum Leben erwachen sollten. Der Hauptakteur des Geschehens ist der Junker Alonso Quijano, der in einem Provinznest in der Mancha sein Leben fristet und zu viele Ritterromane gelesen hat. Eines Tages beschließt er, sich in den Ritter Don Quijote zu verwandeln und sich einen Knappen zuzulegen. Als fahrender Ritter will er in die Welt hinausziehen, um das Abenteuer zu suchen. Don Quijote de la Mancha aber ist kein strahlender Held, er ist die Karikatur des untergegangenen Geschlechts der fahrenden Ritter. Er glaubt an Tugenden wie Tapferkeit, Ehrlichkeit, Großmut und an die große Liebe. Für seinen bauernschlauen Knappen Sancho hingegen ist die Welt schon in Ordnung, wenn bei einem Abenteuer reichlich zu essen und zu trinken abfällt oder ein anderes gutes Geschäft zu machen ist.

„Das Buch ist in wenigen Wochen ein Bestseller.“

Für beide seiner Helden hat der Dichter Cervantes Verständnis, denn beide Figuren werden wie er selbst von einer rastlosen Seele getrieben. Don Quijote zieht auf seinem abgemagerten Gaul Rosinante durch die Mancha, wie ehemals der königliche Getreide- und Steuereintreiber bei seinen Irrfahrten durch Andalusien. Der Dichter kennt natürlich auch die geheimen Wünsche des Sancho Pansa, des listigen Geschäftemachers, der mit seinem Herrn ins Abenteuer zieht und seine Frau zu Hause sitzen lässt. Was die Romanhelden mit ihrem geistigen Vater verbindet: Sie bleiben sich und ihren Idealen treu und meistern Niederlagen mit Humor und Gelassenheit.

Als 1605, acht Jahre nach dem Gefängnisaufenthalt, ›Der sinnreiche Junker Don Quijote von la Mancha‹ (Originaltitel: ›El ingenioso hidalgo Don Quixote de la Mancha‹) gedruckt und zum Verkauf angeboten wird, ist das Buch in wenigen Wochen ein Bestseller. Schon bald muss es nachgedruckt werden, und schnell setzt sich der Siegeszug des ›Don Quijote‹ in Europa fort. Das Buch wird in England, den Niederlanden, Frankreich und Italien übersetzt und veröffentlicht. Miguel, der Unglücksrabe, steigt zum anerkannten Schriftsteller auf. Jetzt endlich findet er auch Mäzene, die ihn finanziell unterstützen.

Vielleicht hätte sich Miguel auf seinen Lorbeeren ausgeruht und sein Don Quijote wäre die erfolgreiche Karikatur eines Ritterromans geblieben, wären da nicht unvorhergesehene Ereignisse eingetreten. Am Erfolg des Romans wollte ein Mann partizipieren, der zwar schreiberisches Talent aufzuweisen hatte, aber auch eine Portion Unverfrorenheit und kriminelle Energie. Der Unbekannte, dessen Identität bis heute nicht geklärt ist, nannte sich Alonso Fernandez de Avellaneda und schrieb einen zweiten Teil des Romans, der beachtlichen Erfolg errang. Miguel war über diese Frechheit derart aufgebracht, dass er nun seinerseits einen zweiten Teil des ›Don Quijote‹ verfasste. Nicht nur, dass die gefälschte Version eine derbe Klamotte war, in der Don Quijote schließlich im Irrenhaus von Toledo endete. Der anonyme Autor schien auch eine ganz persönliche Rechnung mit Miguel begleichen zu wollen. Im Vorwort des Plagiats machte er ihn auf unverfrorene Art lächerlich, witzelte über seine Senilität und seine verstümmelte Hand. Und er stellte ihn als gehörnten Ehemann dar.

Bis heute rätseln Literaturwissenschaftler und Historiker, wer sich hinter dem Pseudonym Avellaneda wirklich verborgen hielt. Vielleicht werden sie eines Tages den Fälscher doch noch dingfest machen, denn des Rätsels Lösung könnte in einem der Bücher Miguels zu finden sein. Bei aller Sympathie muss man doch einräumen: Cervantes hat sich nie gescheut, in seinen Geschichten auch Freunde und Feinde auftreten zu lassen und manchem eine Abreibung zu verpassen. Ob sich hinter Alonso Fernandez de Avellaneda also ein beleidigter Kollege verbarg oder ob ein Schriftsteller im Auftrag eines Neiders die Schmähungen verfasste, kann niemand sagen.

Klar ist allerdings, was die Weltliteratur dem Plagiator verdankt: den zweiten Teil des ›Don Quijote‹, der dem herausgeforderten Miguel zum Meisterwerk geriet. Der Romanheld entgleitet seinem Autor mehr und mehr, aus der Karikatur des verwirrten Ritters im ersten Teil wird eine Figur, die Literaturwissenschaftler mit Hamlet, Faust oder Don Carlos vergleichen. Was der Autor aber bei allem nicht vergisst, ist die Abrechnung mit dem unbekannten Plagiator. Schon in seinem Vorwort weist ihm Miguel Dummheit und Fehler nach, übt aber Nachsicht und Großzügigkeit. Auch im Roman von Cervantes tauchen die Figuren des Fälschers Avellaneda auf, und sie werden von den echten Helden des Romans eines Besseren belehrt. Der zweite Teil des ›Don Quijote‹ erscheint 1615 in Madrid, ein Jahr vor dem Tod des Autors. Miguel hat, wie der unsterbliche Held seines Romans, das endgültig letzte Duell geschlagen – gegen einen unbekannten Herausforderer. Letzte offene Frage: Hat man es dem Autor in höheren Kreisen übel genommen, dass sein vom Volk geliebter Romanheld zu verrückt und zu wenig patriotisch ist? Verkörpert der sinnreiche Junker wirklich, wie kritische Leser zu erkennen glauben, den spanischen Helden und Macho, das Spiegelbild der spanischen Seele?

Oft ist die Wirklichkeit vom Roman nicht weit entfernt. Don Quijote wurde nach seinen Expeditionen an Leib und Seele geschunden nach Hause gebracht, eingesperrt und von den Bauern im Dorf verlacht. Ein Beispiel aus dem wirklichen Leben: Die stolze spanische Armada, für die Miguel die Verpflegung requiriert hatte und die den Tod Maria Stuarts rächen sollte, segelte 1588 gegen England und erlebte im Ärmelkanal ihr Fiasko. Von feindlichen Schiffen verfolgt und von Stürmen dezimiert, umsegelte der Rest der Flotte England und kehrte nach monatelanger Irrfahrt in die Heimat zurück. Ganz Spanien trug Trauer und der Tod der schottischen Königin blieb ungesühnt.

Mozart in Mannheim

Als der junge Musikus in die Fänge der Familie Weber geriet

Von Karin Krempel-Haglund

Die Webers sollen eine schreckliche Familie gewesen sein, hart am Rande des asozialen Milieus. Der Vater verlor wegen Unterschlagung seinen Job als Buchhalter, die Mutter war berüchtigt als geldgierige Schlampe und Kupplerin, mit dem Wortschatz eines Müllkutschers. Das wäre nicht besonders erwähnenswert, wenn diese Webers nicht die Schwiegereltern von Wolfgang Amadeus Mozart gewesen wären. Sie spielten in seinem Leben die wichtigste Rolle. Denn Tochter Aloysia weckte die erste erotische Leidenschaft ihn ihm und Tochter Constanze wurde seine Ehefrau. Trotzdem – oder gerade deshalb – geistern die Webers als liederliche Bande durch alle Mozart-Biografien des 20. Jahrhunderts.

So bezeichnet Emil Karl Blümml die Webers als das »böse Prinzip« in Mozarts Leben. Bernhard Paumgartner spricht vom »Weberischen Zigeunerblut«; Mutter Cäcilia wird zum »Dämon der Familie«; sie ist »launisch, zanksüchtig, intrigant aus Passion, in stillen Stunden dem Trunke nicht abgeneigt und zweifellos hysterisch«. Annette Kolb schreibt über die »ominöse Familie Weber: Wie ein blumiger Abgrund hat sie sich vor ihm aufgetan und wird ihn verschlingen.« Alfred Einstein weist immer wieder auf die »fatale Bedeutung der Weberischen« für Mozart hin, er nennt die Mutter eine »dämonische Hysterica« und bezeichnet den Hochzeitstag mit Constanze, die den Gimpel »in ihr Netz gelockt habe«, als ein »fatales Datum und einen verhängnisvollen Tag«. Und Dorothea Leonhart behauptet: »Die Webers werden im schlimmsten Sinne die ›famille fatale‹ in Mozarts Leben. Sie werden sich an ihn hängen und ihn ausnutzen bis zu seinem gesellschaftlichen und finanziellen Ruin.«

Da drängt sich die Frage auf: War Mozart so naiv, dass er nicht bemerkte, wo er da hingeraten war, oder war er selbst ein solcher Schlingel, dass es ihm egal war? Wie auch immer: Die Beschimpfungen der

Biografen frustrieren die Archivare des Mannheimer Reiss-Museums. Sie glauben, durch historische Quellen dieses schiefe Bild geraderücken zu können. Denn vieles, was an Negativem über die Webers verbreitet wurde, sieht bei genauerem Hinsehen anders aus.

Da ist zum Beispiel die Unterschlagung, die Vater Fridolin Weber begangen haben soll. Sein Dienstherr, der Freiherr von Schönau, war bis über beide Ohren verschuldet, sodass Fridolin Weber ihm einige Male sogar eigenes Geld borgte. Im Sommer 1763 entließ der Adlige seinen Oberamtmann Weber wegen nicht korrekter Buchführung. Dieser flüchtete mit Frau und Kindern nach Freiburg und strengte dort einen Prozess gegen seinen Arbeitgeber an. Ergebnis: Die Unregelmäßigkeiten in der Buchführung erfolgten auf Anweisung des Freiherrn und nicht etwa, weil Weber sich bereichern wollte. Der Gefeuerte erhielt ein geringes Schmerzensgeld und die schriftliche Bestätigung, dass er sich während seines Dienstes »stets getreu, pflichtgemäß und unklagbar aufgeführt« habe. Das jedenfalls hat der ehemalige Direktor des Reiss-Museums, Herbert Meyer, anhand von Dokumenten und Protokollen herausgefunden.

Wer aber waren diese »liederlichen« Webers? Fridolin Weber, geboren um 1733, war wie sein Vater Amtmann beim Freiherrn Franz Ignaz Ludwig von Schönau in Zell im Wiesental (Schwarzwald). Zuvor hatte er in Freiburg Jura studiert. 1754 trat er die Stelle in Zell an und durfte sich »Geheimer Rat und Oberamtmann« nennen – ein Beamter also. Auch seine Frau Maria Cäcilia Cordula Stamm aus Mannheim, die er am 14. September 1756 in Ebnet bei Freiburg heiratete, kam aus einer Beamtenfamilie. Mit ihrem Bruder Ferdinand Joseph hatte Fridolin Weber in Freiburg studiert. Cäcilias Vater Johann Otto Stamm war als Regierungssekretär in Mannheim am Hof des Kurfürsten Carl Theodor für die Verwaltung zuständig. Ihr Bruder Ferdinand Joseph brachte es sogar bis zum Hofgerichtsrat, und ein anderer Bruder, Pater Dagobert Stamm, war Stiftsdekan in Worms. Nach dem Debakel in Zell ließen sich die Webers in Mannheim nieder. Wohl durch Vermittlung von Cäcilias Familie fanden sie eine Wohnung im Stadtzentrum, in einer bürgerlichen Gegend mit Beamten und Handwerkern. Kein nobles Viertel, aber auch kein Slum. Als vierter von fünf Solo-Bassisten an der Mannheimer Oper er-

»Wer aber waren diese ‚liederlichen' Webers?«

hielt Fridolin Weber während der ersten zwölf Jahre 200 Gulden jährlich. Damit konnte die Familie keine großen Sprünge machen, doch als Notenkopist und Souffleur verdiente Vater Weber ein Zubrot. Notenkopisten waren damals gesuchte Leute, denn eine Partitur wurde erst gedruckt, wenn das Werk erfolgreich aufgeführt worden war. Mozart brauchte in Mannheim jemanden, der ihm seine Noten kopierte. So landete er bei den Webers.

Die Biografen stellen Fridolin Weber als einen blassen Typ dar. Man unterstellte ihm die Unterschlagung und eine infame Art, Mozart um Geld anzugehen. Als die Familie wieder einmal knapp bei Kasse war, soll er Mozart um tausend Gulden gebeten haben, sonst müsse man »Aloysia einer Wandertruppe von Komödianten mitgeben«. Nur: Die Briefe der Webers sind alle verschwunden. Was da über deren Bettelbriefe kursiert, weiß man entweder aus dem Schriftverkehr Mozarts mit seinem Vater Leopold oder kombinierte es aus Vorwürfen des Vaters an den Sohn.

„Man unterstellte Fridolin Weber Unterschlagung und eine infame Art, Mozart um Geld anzugehen.“

Das Lieblingsobjekt der Autoren ist jedoch Madame Cäcilia, die ordinäre, trunksüchtige, kupplerische und geldgierige Schwiegermutter des Komponisten. Aber war diese Frau wirklich so verworfen? Ihr Charakter lässt sich entweder als normal oder als negativ interpretieren. Sicher war Cäcilia resolut und hatte in der Ehe mit Fridolin »die Hosen an«. Ihre derbe Ausdrucksweise hingegen war im 17. und 18. Jahrhundert nichts Ungewöhnliches. Man denke nur an Liselotte von der Pfalz (1652–1722), die Schwägerin des französischen Sonnenkönigs. Ihre Briefe, in denen sie in unfeiner Sprache die Zustände am Hof von Versailles beschreibt, machten sie unsterblich. Auch Mozart drückte sich gerne grob aus. Als er von Aloysia Weber, seiner großen Leidenschaft, in München einen Korb bekam, setzte er sich ans Klavier und sang: »Leck mich das Mensch am Arsch, das mich nicht will.« Dieses Vokabular hatte er von seiner Mutter – nur, bei Mozart belächelten die Biografen das als »kindsköpfisch«. Bei Mutter Weber geißelten sie es als ordinär. Weil sie aus dem Weinland Pfalz stammte, trank Cäcilia wohl auch gerne einen guten Schluck, aber nicht heimlich, sondern in aller Öffentlichkeit. Mozart selbst schrieb am 10. April 1782 an seinen Vater: »… dass sie gern trinkt, und zwar mehr, als eine Frau trinken sollte. Doch besoffen habe ich sie noch nie gesehen – das müsste ich lügen.«

Und wie jede Mutter versuchte auch Cäcilia Weber, ihre Töchter unter die Haube zu bringen. Deshalb vermietete sie später in ihrer Wiener Wohnung die Zimmer bevorzugt an Herren, die einen Namen hatten oder finanziell etwas bieten konnten. Na und? Wenn man ihr jedoch Böses anhängen will, kann man ihr da schon kupplerische Hintergedanken unterstellen. Sie war eben eine Geschäftsfrau. Weil der Schauspieler und Maler Joseph Lange ihre Tochter Aloysia heiraten wollte, musste er tief in die Tasche greifen. Als die Familie von München nach Wien übergesiedelt war, hatte Vater Fridolin vom Wiener Nationaltheater einen Vorschuss von 900 Gulden erhalten. Lange zahlte an seiner statt den Kredit zurück und kam ans Ziel seiner Wünsche. Zudem verpflichtete er sich, der Schwiegermutter eine jährliche Rente von 700 Gulden zu zahlen. Diese Geldgier wird vor dem Hintergrund verständlich, dass die Webers nach der Flucht aus Zell mit ihren Kindern vor dem Nichts standen. »Nie wieder arm sein« könnte die Triebfeder für Cäcilias Verhalten gewesen sein. So, wie sich heute Topmanager der Industrie selbst und gegenseitig fette Abfindungen gewähren, damit die private Kasse stimmt und die Familie keine Not leidet, dachte wohl auch Cäcilia Weber. Wer will es ihr verübeln?

„Einziger Ausweg: ein schriftliches Heiratsversprechen.“

Auch Mozart musste finanzielle Hürden nehmen, bevor er Constanze Weber heimführen konnte. Ihr Vater war mittlerweile gestorben, und sie hatte einen Vormund – Johann Franz Joseph Thorwart. Er untersagte Wolfgang Amadeus den Kontakt mit der Angebeteten, da in Wien über die beiden bereits getuschelt wurde. Einziger Ausweg: ein schriftliches Heiratsversprechen. Wenn Mozart Constanze in den nächsten drei Jahren nicht heirate, müsse er als Konventionalstrafe jährlich 300 Gulden an die Familie bezahlen. Mozart gegenüber erklärte Cäcilia zwar, sie habe mit dem Vertrag nichts zu tun. Aber ihre Gegner behaupteten, ein solches Schriftstück könne nur sie verlangt haben.

Von den insgesamt fünf Kindern der Webers (vier Töchter, ein Sohn; manchmal ist von zwei Söhnen die Rede) bekommen in der Literatur vor allem zwei ihr Fett weg: die Töchter Aloysia und Constanze. Aloysia wird in allen Schriften als eiskaltes, berechnendes, kokettes Mädchen dargestellt, das nur auf seinen Vorteil bedacht sei. Schön an ihr seien nur Gesicht und Stimme. Schon als Kind sang sie bei Hof mit viel Erfolg. Im ›Allgemeinen Theater-Lexikon‹, das kurz nach ihrem Tod 1841 erschien, stand über Aloysia: »Sie war eine der trefflichsten Sängerinnen ihrer Zeit, mit der herrlichsten Stimme begabt und besonders durch die Klarheit und Innigkeit ihres gebildeten Vortrags entzückend.«

Eine begnadete, sensible Sängerin also, und als Mensch ein solcher Weibsteufel? Als der 21-jährige Mozart die 14 oder 15 Jahre alte Aloysia 1777 kennen lernte, war er fasziniert von ihrer Schönheit und ihrer Stimme. Er betete sie an, unterrichtete sie, komponierte die erste Konzertarie für sie: »Nicht weiß ich, woher sie kommt, diese zärtliche Leidenschaft« (KV 294). Begeistert berichtete er dem Vater von diesem Talent, und der unterstützte anfangs die Bemühungen seines Sohnes mit Ratschlägen.

Doch dann schmiedete Wolfgang Amadeus für sich und Aloysia gemeinsame Zukunftspläne und teilte sie Leopold Mozart mit: Er wollte die Sängerin in Italien als Primadonna groß herausbringen. Aber der Vater schickte ihn nach Paris – und der Sohn gehorchte. Die Webers übersiedelten nach München, wo Aloysia ab Herbst 1778 als Hofsängerin mit 1 000 Gulden Jahresgehalt arbeitete. Die Familie zog mit, und Vater Weber verdiente als Sänger und Souffleur noch 600 Gulden jährlich dazu.

„Für Aloysias jüngere Schwester Constanze interessierte sich Mozart damals nicht.“

In München wies Aloysia dann während der Weihnachtstage 1778 Mozarts drängendes Werben zurück. Ihre Kritiker behaupteten, Aloysia habe Mozart nur zurückgestoßen, weil sie mittlerweile selbst gut verdiente und Mozarts Hilfe nicht mehr benötigte. Vater Mozart jedoch fühlte sich in seiner Abneigung gegen die Webers bestätigt, als er von dem Vorfall erfuhr. Für Aloysias jüngere Schwester Constanze interessierte sich Mozart damals nicht. Sie begann ihn erst 1781 in Wien zu fesseln. Dorthin war Aloysia an die Oper engagiert worden, und die Familie war mitgezogen. Als Mozart bei Cäcilia Weber als Untermieter wohnte, traf er Constanze wieder.

Nun könnte man im Fall Aloysia noch glauben, Mozart sei vor Liebe blind gewesen, nicht aber bei Constanze. Dem Vater schrieb er: »… Sie ist nicht hässlich, aber auch nichts weniger als schön … Ihre ganze Schönheit besteht in zwei kleinen schwarzen Augen und in einem schönen Wachstum, sie hat keinen Witz, aber gesunden Menschenverstand genug, um ihre Pflichten als eine Frau und Mutter erfüllen zu können … Sie versteht die Hauswirtschaft, hat das beste Herz von der Welt …« Und drei Tage nach der Hochzeit am 4. August 1782 schilderte er sie Leopold als »ein rechtschaffenes, tugendhaftes und gefälliges Weib«. Leidenschaft spricht daraus nicht, wohl aber Zuneigung. Und wie Mozarts Briefe an sie während der fast zehnjährigen Ehe zeigen, blieb diese Zuneigung erhalten. Sie war sein »Herzensweibchen«, sein »Stanzerl« und »Mauserl«.

Herbert Meyer, der mit dem Negativ-Image der Webers aufräumen will, sagt zwar, dass Constanze keine Persönlichkeit gewesen sei. Sie besaß keine großen Geistesgaben und keine umfassende Bildung. Aber er gesteht ihr viel Charme und Herzenswärme zu und in jeder Lebenslage gute Laune. Vielleicht haben Freunde und später die Biografen es Mozart übel genommen, dass er keine »gleichwertige« Lebensgefährtin wählte, die ihn hätte inspirieren können. Resultiert daraus der Schmutz, den die meisten Autoren über Constanze Weber ausschütten? Sie unterstellen ihr den Drang zu einem Leben als »Gnädige Frau«. Nur deshalb sei sie »Frau Mozart« geworden, der zu jener Zeit berühmt war, einigermaßen gut verdiente und sie mit Geschenken überhäufte. So spricht Leo Schrade von der »unbestreitbaren Missheirat«, nennt Erich Valentin Constanze eine »unwürdige Frau« und unterstellt ihr gar »Undankbarkeit und Niedertracht in der Gesinnung«.

„Wie konnte Wolfgang Amadeus an eine solche Familie geraten?“

Die Verbindung zu den Webers war wirklich sehr eng, nicht nur wegen Aloysia und Constanze. Ständig berichtete Mozart seinem Vater in Salzburg von dieser Familie. So schwärmte er Ende Januar 1778, wie die Webers ihm das Leben angenehm gestalten: »Was zerrissen war, fand ich geflickt, mit einem Wort, ich war bedient wie ein Fürst.« Er lobte seitenlang »diese liebe Familie, die unverschuldet in Not geraten war«, schilderte sie als »grundehrlich, redlich, christlich-katholisch«, verglich Fridolin Weber mit Leopold Mozart und die geliebte Aloysia mit der eigenen Schwester Nannerl. Noch interessanter: Den Tod seiner Mutter im Juli 1778 in Paris teilte Wolfgang Amadeus zuerst Fridolin Weber mit und dann erst dem Vater.

Die Biografen haben immer wieder gefragt, wie Wolfgang Amadeus an eine solche Familie geraten konnte. Sie erhielt ihren schlechten Ruf allerdings erst durch Vater Mozart. Der Grund: Er fürchtete um sein Lebenswerk, und das war sein Sohn. Für Leopold Mozart war die Musik weder Passion noch Berufung, sie war reiner Broterwerb. So, wie Mutter Weber aus der Schönheit und dem Talent ihrer beiden Töchter Kapital schlug, tat er das bei seinem Wolfgang. Schnell erkannte er dessen Begabung und wollte die Begeisterung ausnützen, die sie hervorrief. Er investierte in den Sohn, verschuldete sich hoch, in der Hoffnung, die Investition würde sich bald lohnen. Er schickte ihn in die Kunststädte München, Mannheim und Paris, wo der Junge sich eine gute Position als Musiker mit einer anständigen Besoldung ergattern sollte. Doch was machte der Kerl? Er blieb ab Oktober 1777 für einige Monate in Mannheim hängen und geriet in die Fänge einer Familie, die er anhimmelte und die ihn ausbeutete. Glaubte der Vater.

Unbewusst und in glückseliger Einfalt schürte Amadeus selbst mit seinen Briefen den Hass des Vaters auf die »Weberischen«. Bei Leopold müssen sämtliche Alarmglocken geschrillt haben, als Wolfgang ihm am 4. Februar 1778 bekannte: »Ich habe diese bedrückte Familie so lieb, dass ich nichts mehr wünsche, als dass ich sie glücklich machen könnte.« Glücklich aber hieß damals: »finanziell abgesichert«. Ob Wolfgang Amadeus Mozart die Familie ausgehalten hat, dafür gibt es keine Belege. Fest steht nur: Nach zwei Wochen in Mannheim bat er den Vater um 150 Gulden. Das empörte Leopold, denn der Sohn sollte in Mannheim durch Konzerte und Kompositionen Geld verdienen und ihm helfen, eigene Schulden abzutragen.

Mannheim war zu jener Zeit ein kulturelles Zentrum des europäischen Rokoko mit einem neuen Opernhaus, einem bedeutenden Orchester und einer prunksüchtigen Hofgesellschaft. Kurfürst Karl Theodor war den schönen Künsten verfallen, besonders der Musik. Er gab das Geld dafür mit beiden Händen aus. Mozart spielte beim Kurfürsten, in den Palästen der Adligen und den Häusern der reichen Bürger. Und deren Kindern erteilte er Musikunterricht. Mutter Mozart, die ihren Sohn begleitete, berichtete ihrem Mann nach Salzburg:

»Der Wolfgang hat so viel zu tun, dass er nicht weiß, wo ihm der Kopf steht.«

Der Vater war beunruhigt. Wieso brauchte der Sohn von ihm Geld? Wenn er so viel zu tun hatte, musste auch viel Geld hereinkommen. Als Vater Mozart Wochen später von der Existenz der Webers erfuhr, hatte er die Schuldigen schnell gefunden. Sie steckten hinter dem Geldmangel! Berichtete nicht auch der Sohn ständig von den Schulden der Webers? Die Biografen schätzen, dass Mozart während der viereinhalb Monate in Mannheim gut tausend Gulden eingenommen haben muss. Für seinen Lebensunterhalt kann er nicht viel ausgegeben haben. Er und die Mutter logierten anfangs im »Pfälzischen Hof« beim Schloss. Sie bewohnten das billigste Zimmer, direkt unter dem Dach. Später stellte ihnen der Kammerherr Serrarius in seinem Haus Räume zur Verfügung.

„Der Vater war beunruhigt.“

Tatsache ist allerdings: Wolfgang Amadeus genoss die Freiheit und die Selbstständigkeit. Der strenge Vater war fern. Zwar nervten ihn dessen Briefe mit Befehlen wie »Um des Himmels willen! – Ihr müsst nach Geld trachten!« oder »Ab mit dir nach Paris!« Doch Wolfgang Amadeus war von Mannheim begeistert, und er gewann schnell neue Freunde – die er freizügig aushielt. Mozarts Schwester Nannerl schrieb einmal über den Bruder: »Außer der Musik war und blieb er fast immer ein Kind … Er konnte das Geld nicht regieren … Immer hätte er eines Vaters, einer Mutter oder sonst eines Aufsehers bedurft.« Vielleicht fühlte sich Mozart jun. deshalb bei den Webers so wohl. Da gab es keinen Aufpasser, er war stets der »cher ami« der Familie.

Während der Zeit in Mannheim begann die Entfremdung zwischen Vater und Sohn. Die Briefe aus Salzburg wurden immer barscher und drängender. Leopold verlangte Auskünfte über den Verbleib der Einnahmen und mahnte detaillierte Schilderungen des Lebens in Mannheim an. Doch der Sohn hörte immer seltener auf den Vater. Der vermutete die Webers dahinter. Sein Hass auf diese Familie wurde zunehmend stärker. Bis ins Mark getroffen fühlte sich Leopold Mozart, als der Sohn ihm den abenteuerlichen Italien-Plan mitteilte und ihn bat, er möge sich für Aloysia einsetzen. Leopold Mozart antwortete dem Sohn am 12. Februar 1778: »Dein Vorschlag – ich kann kaum schreiben, wenn ich daran denke – hätte mich beinahe um meine Vernunft gebracht.« Der »verblendete Junge« fuhr dann auch nicht nach Italien, sondern einen Monat später nach Paris.

Bereits zu diesem frühen Zeitpunkt wurde dem Vater klar: Der Sohn dachte nicht mehr an die eigene Karriere, sondern war verliebt in eine »unwürdige« Frau, deren schlampige Familie alles zerstörte, was er aufgebaut hatte. Leopold Mozart sprach von den Webers nur als dem »Geschlamp«. Und man kann sich vorstellen, dass ihm später der Gedanke, sein Sohn würde eine »Weberische« heiraten – nämlich Constanze – unerträglich war. Deshalb bezeichnete er die Art und Weise, wie diese Ehe zustande gekommen war, als »Kupplerei«. Vater Mozart pflegte seine Vorurteile sein Leben lang. Denn getroffen hat er die Familie erst 1783, als Fridolin Weber längst gestorben war.

Schützenhilfe erhielt Leopold Mozart aus dem Umfeld seines Sohnes. Besonders zwei Männer lieferten Mozart sen. Geschichten über die Webers, die er nur zu gerne glaubte: Peter von Winter und Abbé Vogler. Das fing in Mannheim an, mit Berichten über das »Luder« Aloysia. Absender war Peter von Winter, Geiger, Komponist und später Hofkapellmeister in München. In Mannheim war er anfangs einer der engsten Freunde Mozarts. Die jungen Männer schlugen sich so manche Nacht um die Ohren. Als sich Wolfgang den Webers zuwandte und er die Kumpel vernachlässigte, nahm ihm Freund Peter von Winter dies vielleicht übel. Es wäre nicht die erste Männerfreundschaft, die wegen einer Frau zerbrach. Was Peter von Winter Vater Mozart berichtete, wissen wir nicht. Aber wir können es ahnen, denn wir kennen die Antwort von Wolfgang Amadeus auf diesbezügliche Vorwürfe des Vaters. So schrieb der Sohn am 22. Dezember 1781 über Winter: Der »Erzbube, Lausbub« und »elende Stümper« sei »in seiner Lebensart ein Vieh und in seiner übrigen Aufführung und in allen Handlungen ein Kind«. Ihm gebühre »ganz die Verachtung eines jeden ehrlichen Mannes«. Was er dem Vater berichtet habe, seien »infame Lügen«. Nach dem Urteil der Mozart-Biografen Otto Jahn und Hermann Abert ist Peter von Winter eine »gehässige Intrige wohl zuzutrauen«. Winter stänkerte dann in München weiter.

„Der Sohn war verliebt in eine ‚unwürdige' Frau."

Abbé Vogler – von Winter war übrigens sein Schüler und Freund – hatte andere Gründe. Er war in Mannheim Hofkaplan des Kurfürsten,

Vizekapellmeister und in Sachen Musik der Berater Carl Theodors. Vogler war eine Art »graue Eminenz« der Noten. Und ausgerechnet mit diesem Mann hatte sich Mozart jun. angelegt, indem er höhnte: »Er produzierte eine Misere, welche man nicht anhören kann, denn es geht alles falsch … Er spielte auch so kleine ihm nutzbare Schlechtigkeiten mit Weibern … So ist er Vize-Kapellmeister geworden … Er ist ein Narr, der sich einbildet, dass nichts Besseres und Vollkommeneres sei als er.« Kein Wunder, dass der Abbé auf den jungen Musikus nicht gut zu sprechen war. Benutzte er also die Webers, um seine Wut über den frechen Wolfgang Amadeus bei dessen Vater abzuladen und den Hass auf die Familie zu schüren? Das wäre denkbar. Denn wollte man Mozart jun. treffen, musste man die Webers schlagen.

„Benutzte Abbé Vogler also die Webers, um seine Wut über den frechen Wolfgang Amadeus bei dessen Vater abzuladen?“

Wann immer Wolfgang Amadeus Mozart sich während und nach seiner Mannheimer Zeit in den Augen von Zeitgenossen und später der Biografen »daneben«benahm, lastete man das den Webers an. Egal, ob sich der Stil seiner Briefe an den Vater veränderte, ob er jemanden derb beschimpfte oder Bettelbriefe schrieb – immer war daran der schlechte Einfluss der Webers schuld. Wo Rauch ist, ist auch Feuer, sagt der Volksmund. Das gilt sicher auch für die Webers. Aber so liederlich, wie sie dargestellt werden, waren sie sicher nicht. Das wäre ja auch für Wolfgang Amadeus Mozart, der sich bei ihnen wohl fühlte und an ihnen hing, ein Armutszeugnis.

Sie suchten das gelobte Land

Das Schicksal der deutschen Auswanderer in Texas

Von Monika Weiner

Am 20. April 1842 traf in Schloss Biebrich am Rhein eine ausgesprochen illustre Gesellschaft zusammen: Fünfundzwanzig Grafen, Fürsten und Edelleute aus ganz Deutschland waren der Einladung Herzog Adolphs von Nassau gefolgt und wurden vom Gastgeber persönlich begrüßt. Die Herrschaften lobten die schöne Aussicht auf das Rheintal und das malerische Ambiente des Barockschlosses, dann zogen sie sich zu Beratungen ins Innere der Residenz zurück. Wenige Stunden später gründeten die Anwesenden einen Club, den »Verein zum Schutze deutscher Einwanderer in Texas«, der später als »Adelsverein« in die Geschichtsbücher eingehen sollte.

Auf den ersten Blick waren die blaublütigen Herren echte Patrioten, denen nur das Wohl des Vaterlandes am Herzen lag. Deutschland glich einem Armenhaus: Seit 1750 hatte sich die Bevölkerung Europas fast verdoppelt, gleichzeitig hatte die beginnende industrielle Revolution unzählige Handwerksbetriebe in den Ruin getrieben. Viele Menschen sahen die letzte Rettung in einer groß angelegten Auswanderungspolitik: Die Emigration ganzer Bevölkerungsgruppen würde in der Heimat die Arbeitslosigkeit senken und die Not lindern, gleichzeitig bekämen Auswanderungswillige eine neue Chance. Berichte von Deutschen, die in der Neuen Welt ihr Glück gefunden hatten, gingen von Hand zu Hand. Ein Brief von Friedrich Ernst, der sich 1831 in Texas niedergelassen hatte, wurde in der Heimat sogar in mehreren Zeitungen abgedruckt. Ernst schrieb: »Eine Kuh und ein Kalb kosten zehn Dollar. An Wildbret wie Hirsch, Bär, Waschbär, Truthahn, Rebhuhn herrscht kein Mangel. Freie Jagd und Fischerei. Geld braucht man nicht ...« Die begeisterten Schilderungen machten Texas, das nach dem Sieg über die Mexikaner 1836 Republik geworden war, zu einem Traumziel der Deutschen. Der neu gegründete »Verein zum Schutze deutscher Einwanderer in Texas« traf also genau den Zeitgeist.

Tatsächlich ging es den erlauchten Herren mehr um Profit als darum, armen Schluckern einen Neuanfang in Übersee zu ermöglichen. In der Gründungsakte des Vereins vom 20. April 1842 heißt es: »Wir Endunterschreibende erklären andurch, dass wir zum Zwecke des Ankaufs von Ländereien im Freistaate Texas unter heutigem Datum uns als Gesellschaft constituiert haben.« Die Ländereien, die von den Vereinsmitgliedern gekauft werden sollten, würden nur zum Teil an Auswanderer vergeben werden, den übrigen Grundbesitz wollten sie später mit Gewinn verkaufen. Außerdem erhoffte man sich zusätzliche Einnahmequellen durch den Handel mit der geplanten deutschen Kolonie in Übersee. Das finanzielle Risiko der Unternehmung schien gering, denn die Aussiedler sollten ihre Schiffspassage, Verpflegung und Unterkunft selbst bezahlen. Noch am 20. April wählten die Gründungsmitglieder ein Präsidium und beschlossen, die beiden Vorstände Graf Victor von Leiningen und Graf Joseph von Boos-Waldeck nach Texas zu entsenden – um Erkundigungen einzuziehen und gegebenenfalls gleich Land zu kaufen.

Die beiden hatten gute Chancen, ein geeignetes Objekt zu finden. Die texanische Regierung unter Präsident Sam Houston vergab großzügige Siedlungsrechte, so genannte Landgrants. Weiße Einwanderer nichtmexikanischer und nichtspanischer Herkunft waren besonders willkommen, weil sich die junge Republik gegen den Erzfeind Mexiko abgrenzen wollte. An der mexikanischen Grenze stellte der Staat den Siedlern sogar kostenlose Ländereien zur Verfügung – als Gegenleistung sollten die Immigranten feindliche Einfälle abwehren. Üblicherweise wurden die Siedlungsrechte nicht an die Einwanderer selbst, sondern an Landagenten vergeben: Diese verpflichteten sich vertraglich, bis zu einem bestimmten Zeitpunkt eine Mindestzahl von Familien in das Territorium zu bringen. Die Bedingungen der Texaner fand Graf Leiningen nun allerdings inakzeptabel, und so kam er 1843 mit leeren Händen nach Deutschland zurück. Interessanterweise blieb er dennoch ein vehementer Befürworter des Auswanderungsprojekts.

„An der mexikanischen Grenze stellte der Staat den Siedlern sogar kostenlose Ländereien zur Verfügung.“

Anders Boos-Waldeck: Der Graf erklärte nach seiner Rückkehr geradeheraus, er halte die Besiedelung abgelegener Grants für zu riskant, empfahl aber, Ländereien zwischen den Flüssen Brazos und Colorado zu kaufen, wo es bereits deutsche Siedlungen gab. Das teure Ackerland sollte dann mit Gewinn an deutsche Aussiedler verkauft werden. Obwohl Boos-Waldecks Vorschlag Profit versprach, wurde er abgelehnt. Die Mehrheit im Adelsverein beschloss stattdessen, dem französischen Landagenten Alexandre Bourgeois d'Orvanne ein Siedlungsgebiet westlich von San Antonio abzukaufen. Dieses Geschäft war der erste einer ganzen Reihe von Flops, die zum Tod Tausender deutscher Emigranten und zum Bankrott des Vereins führen sollten. Bourgeois d'Orvanne hatte nicht nur einen gefälschten Adelstitel, er war auch sonst ein Betrüger: Der Siedlungsvertrag, den er den Deutschen im September 1843 verkaufte, war keinen Pfifferling wert, denn er war auf den 3. Dezember desselben Jahres befristet. Da die Herren vom Adelsverein keine Erfahrung mit texanischen Verträgen hatten, fiel ihnen dieser Passus nicht auf. Der Generalbevollmächtigte Prinz Carl zu Solms-Braunfels, der im Frühjahr 1844 nach Texas reiste, um die Ankunft der ersten Auswandererfamilien vorzubereiten, war daher ziemlich überrascht, als er feststellte, dass das Land bereits wieder in den Besitz des texanischen Staates übergegangen war.

„… der erste einer ganzen Reihe von Flops, die zum Tod Tausender deutscher Emigranten führen sollten.“

Statt Solms vor Ort mit der Landsuche zu beauftragen, kam der Verein mit einem anderen Landagenten ins Geschäft: Henry Fisher war Deutschamerikaner und wollte einen Teil des so genannten Fisher-Miller-Grants verkaufen, ein Siedlungsgebiet zwischen dem oberen Llano und dem Colorado. Die texanische Regierung hatte den Grant unter der Auflage vergeben, dass bis September 1847 sechstausend Familien dort angesiedelt würden. Fisher war selbst zwar nie in dem Grant gewesen, beteuerte aber, es handle sich um fruchtbares Ackerland. Die Deutschen glaubten ihm und unterschrieben den Vertrag.

Tatsächlich war das Siedlungsgebiet ungeeignet für die Landwirtschaft, von kriegerischen Indianern bedroht und 300 Kilometer von der Küste sowie 150 Kilometer von der nächsten größeren Siedlung entfernt. Als Prinz Solms das Gebiet inspizieren wollte, stellte sich heraus, dass nicht einmal eine Straße dorthin führte. »Die Leiter des Vereins, die mit den texanischen Gesetzen und Gegebenheiten nicht vertraut waren, handelten unüberlegt und kurzsichtig zugleich«, schreibt die Mainzer Forscherin Beate Rese in ihrem Buch ›Texas – Ziel deutscher Auswanderung im 19. Jahrhundert‹. Sie besaßen keine Spur Geschäftssinn und fielen betrügerischen Landspekulanten zum Opfer.

Obwohl der Verein mittlerweile einen Großteil seines Vermögens in den Sand gesetzt hatte, präsentierte er sich nach außen hin makellos. Die Aktionäre der mittlerweile zur Aktiengesellschaft mutierten Vereinigung waren allesamt namhafte Persönlichkeiten, sogar Prinz Friedrich von Preußen hatte Anteile erworben. Die Auswanderungswilligen, die sich scharenweise meldeten und je Familie 600 Gulden (umgerechnet 240 Dollar) für Schiffspassage, Transport ins Siedlungsgebiet und Verpflegung hinblätterten, zweifelten keinen Moment an der Integrität des Adelsvereins. Sie sollten jedoch eine böse Überraschung erleben.

Die ersten zweihundert deutschen Familien landeten im Dezember 1844 im Hafen von Galveston. Um sie unterzubringen, hatte Prinz Solms in letzter Minute ein Grundstück an der Küste gekauft und ein provisorisches Lager errichtet. Die hygienischen Bedingungen spotteten jeder Beschreibung, und bald brachen Epidemien aus. Viele der Immigranten starben schon während der ersten Monate, die Überlebenden brachen im Frühjahr 1845 zu einem langen und beschwerlichen Marsch ins Landesinnere auf. Ihr Ziel war allerdings nicht, wie erwartet, der Fisher-Miller-Grant, sondern ein neues Gebiet am Guadalupe. Prinz Solms hatte dieses Land kurz entschlossen gekauft – sozusagen als Zwischenstation, in der die Siedler bleiben sollten, bis der Vereinsgrant beziehbar sein würde. Nach seiner Heimatstadt Braunfels an der Lahn nannte Solms die neue Siedlung Neu Braunfels. Er ließ eilig ein Lager errichten und Material heranschaffen.

> **„Die hygienischen Bedingungen spotteten jeder Beschreibung.“**

Als der Treck am Karfreitag, dem 21. März 1845, Neu Braunfels erreichte, erwartete die Auswanderer zwar kein Luxus, aber für das Nötigste war gesorgt: Jeder bekam eine tägliche Ration aus Fleisch, Mehl,

Salz, Bohnen und Speck, für die Handwerker und Ingenieure gab es Werkzeug, sogar eine Schutztruppe zur Verteidigung der Kolonie hatte Solms engagiert. Da die sechshundert Gulden, die jede Familie eingezahlt hatte, längst verbraucht waren, musste der Prinz neue Kredite aufnehmen. Im Mai legte er sein Amt nieder und verließ Texas. Zurück blieben Hunderte hungriger Siedler und ein Schuldenberg.

Dem neuen Generalkommissar des Adelsvereins erging es kaum besser als seinem Vorgänger: Baron Hans Ottfried von Meusebach hatte aus Deutschland zwar 10 000 Dollar mitgebracht, doch die brauchte er, um zumindest einen Teil der Schulden zu begleichen, die sein Vorgänger im Namen des Vereins gemacht hatte. Meusebach beantragte umgehend einen neuen Kredit, um zumindest die kleine Gemeinde in Neu Braunfels versorgen zu können, doch statt des Geldes schickte der Verein lediglich neue Auswanderer: Zwischen August und Dezember 1845 gingen in den texanischen Hafenstädten 2 700 deutsche Familien an Land. »Bis zu deren Ankunft überstiegen die Schulden für die Verpflegung des vorherigen Auswanderertransports den Betrag von 24 000 Dollar. Obwohl Meusebach das Direktorium in Deutschland aufforderte, ihm umgehend diese Summe zu überweisen, ignorierte man hinsichtlich des groß angelegten Kolonialisationsvorhabens solche Nebensächlichkeiten wie unbezahlte Schulden«, urteilt Beate Rese.

> **„Als die ersten deutschen Einwanderer dort eintrafen, gab es weder Häuser noch Straßen.“**

Tatsächlich war der Adelsverein mittlerweile so gut wie pleite – allerdings wollten die Aktionäre das nicht zugeben. Meusebach musste daher weiter auf Pump leben. Er brauchte Geld, um einerseits den Fisher-Miller-Grant zu erschließen und andererseits ein neues Siedlungsgebiet zu kaufen, auf dem Tausende von Immigranten zumindest provisorisch untergebracht werden konnten. Auf halbem Weg zwischen Neu Braunfels und dem Vereinsgrant fand er geeignete Ländereien – zu Ehren Prinz Friedrichs von Preußen nannte er die künftige Siedlung »Friedrichsburg« (1894 wurde das Städtchen in »Fredericksburg« umbenannt).

Als 1846 die ersten deutschen Einwanderer dort eintrafen, gab es weder Häuser noch Straßen. Auch hier mussten die Siedler Pionierarbeit leisten: Bäume fällen, Unterkünfte und Lagerhäuser bauen, Wege anlegen und gegen Komantschen kämpfen. Zunächst half Meusebach mit üppigen Lebensmittellieferungen, doch nach und nach wurden die Rationen immer spärlicher – dem Generalkommissar ging das Geld aus. Eine Bank in New Orleans hatte zwar einen Kredit von 24 000 Dollar gewährt, doch der reichte wieder nur, um die Gläubiger auszuzahlen. Als dann auch noch mehr als 4 000 neue Aussiedler aus Deutschland eintrafen, war die Katastrophe nicht mehr aufzuhalten.

Die Neuankömmlinge hatten ein Paradies erwartet, nun kamen sie in die Hölle. Texas stand am Rand eines Krieges – seit die Republik im Dezember 1845 Mitglied der Konföderation der Vereinigten Staaten von Amerika geworden war, hatten sich die Beziehungen zum Nachbarland Mexiko dramatisch verschlechtert. Die amerikanische Armee beschlagnahmte alles, was Räder hatte, für Truppentransporte, und die Lebensmittelpreise stiegen in schwindelerregende Höhen. Da Meusebach keine Wagen für den Weitertransport der Siedler auftreiben konnte, brachte er sie in einem Zeltlager an der Küste unter. Die Lebensmittelrationen waren knapp, das Wasser verseucht und die Lagerbewohner starben reihenweise an Ruhr, Malaria und Typhus. In ihrer Verzweiflung meldeten sich einige hundert Männer freiwillig für den Militärdienst gegen Mexiko, andere machten sich auf eigene Faust auf den Weg nach Austin, wo die ältesten deutschen Siedlungen lagen.

Erst im Sommer 1846 gelang es Meusebach, ein paar Ochsenwagen zu beschaffen, um die Auswanderer mit ihren Habseligkeiten ins Landesinnere zu transportieren. Der Treck wurde zum Todesmarsch. Im Bericht eines Zeitzeugen heißt es: »Auf dieser Reise von Indian Point nach Neu Braunfels, die mit schwerfälligen Ochsenwagen zum Teil mehrere Wochen dauerte, richteten Seuchen und Krankheiten die meisten Verheerungen an. Ganze Familien starben aus, und der Weg … wurde durch zahllose deutsche Gräber bezeichnet.« Von den mehr als 4 000 Auswanderern, die der Verein im Herbst 1845 nach Texas geschickt hatte, erreichten ein Jahr später nur 1 200 das Siedlungsgebiet. Die Nachricht vom Massensterben der Emigranten verbreitete sich in Deutschland wie ein Lauffeuer. In mehreren Zeitungen erschienen kritische Berichte über die Machenschaften des Adelsvereins. Um den guten Ruf zu retten, lieh der Herzog von Nassau der Gesellschaft 200 000 Gulden, umgerechnet 80 000 Dollar. Das Geld wurde nach Texas überwiesen, und nun konnte Meusebach, der ständig auf der Flucht vor Gläubigern war, einen Teil seiner Schulden bezahlen.

Mittlerweile rückte der 1. September 1847 näher, der Termin, an dem sechstausend Familien am Fisher-Miller-Grant wohnen mussten, da sonst die Siedlungsrechte verfielen. Meusebach reiste in den Grant und stellte fest, dass er ungeeignet war für die Bewirtschaftung durch deutsche Bauern, die traditionell Ackerbau betrieben, aber kaum Erfahrungen mit Viehzucht hatten. Immerhin gelang es dem Generalkommissar bei seiner Expedition, einen Frieden mit den Komantschen auszuhandeln: Gegen eine Kaufsumme von dreitausend Dollar waren die Indianer bereit, das Gebiet zu räumen. Kurz nach Unterzeichnung des Friedensvertrages legte Meusebach sein Amt nieder. Er hatte genug.

Der Adelsverein ernannte Hermann Spiess zum neuen Generalkommissar in Texas. Spiess gehörte zu den »Vierzigern«, einer Gruppe von etwa vierzig idealistischen Studenten, die in Texas einen kommunistischen Musterstaat gründen wollten. Die Vierziger waren bereit, sich im Fisher-Miller-Grant niederzulassen, als Gegenleistung hatte sich der Adelsverein verpflichtet, sie nach Übersee zu bringen und ein Jahr für ihre Verpflegung zu sorgen. Der Vertrag mit den Studenten war der letzte verzweifelte Versuch, die Zahl der Deutschen im Vereinsgrant hochzutreiben und so die Siedlungsrechte zu retten. Die Vierziger gründeten ihre eigene Kolonie namens »Bettina«, wurstelten dort auch einige Zeit mehr als recht vor sich hin, doch nach einem Jahr gaben sie die Siedlung auf und zogen in andere deutsche Gemeinden. Viele gingen nach Sisterdale, einer kleinen Stadt, in der auch zahlreiche Flüchtlinge der 48er-Revolution ein neues Zuhause fanden – wegen des für texanische Verhältnisse ungewöhnlich hohen Bildungsgrads bekam der Ort den Beinamen »Latin Settlement«.

> **»Die Hälfte war an Seuchen und Hunger gestorben.«**

Sechs Jahre waren vergangen, seit die Grafen, Fürsten und Edelleute in Schloss Biebrich einen Verein gegründet hatten. Nun war der Enthusiasmus verflogen und der Traum von einem »New Germany« in Übersee geplatzt wie eine Seifenblase. Der Adelsverein war bankrott, von den 7380 Deutschen, die er nach Texas gebracht hatte, war die Hälfte an Seuchen und Hunger gestorben, die andere Hälfte hatte sich auf verschiedene Siedlungsgebiete verteilt. Im Fisher-Miller-Grant kämpften die Farmer nach wie vor ums Überleben. Im Frühjahr 1848 wurde der Adelsverein offiziell aufgelöst. Einige enttäuschte Auswanderer, die nach Deutschland zurückgekehrt waren, verfassten nun Flugschriften, um potenzielle Emigranten vor falschen Hoffnungen zu warnen. Trotzdem wanderten in den darauf folgenden Jahren Tausende von Siedlern auf eigene Faust nach Texas aus. 1850 lebten dort bereits 35 000 Deutsche. Die Neuankömmlinge ließen sich meist in der Nähe der deutschen Ansiedlungen nieder, wo ihnen Sprache und Gebräuche vertraut waren: Man blieb unter sich, pflegte die Traditionen, gründete Gesangs-, Schützen- und Turnvereine. »Die Deutschen neigen dazu, sich in Vereinen im Kreise Gleichgesinnter zu bewegen. Der Hang zum Vereinsleben galt als charakteristisches Merkmal der Deutschen in Texas«, berichtet Beate Rese.

„Heute leben etwa eine halbe Million deutschstämmiger US-Bürger in Texas.“

Die angloamerikanische Mehrheit beobachtete die Vereinsmeierei mit Befremden. Die bierselige Gemütlichkeit an Feiertagen wirkte auf die Puritaner sogar abstoßend. Eine Verständigung mit den Deutschen war zunächst schwierig, da viele ohne englische Sprachkenntnisse nach Texas gekommen waren. Erst im Laufe der Jahrzehnte fielen die Barrieren: Die Enkel der ersten Einwanderer sprachen schon besser Englisch als Deutsch, und als während des Ersten Weltkriegs der Gebrauch der deutschen Sprache auf öffentlichen Plätzen und in Schulen verboten wurde, verzichteten viele freiwillig darauf, um nicht als Spione verdächtigt zu werden.

Heute leben etwa eine halbe Million deutschstämmiger US-Bürger in Texas. Obwohl sie wie waschechte Texaner aussehen, leben und sprechen, fühlen sich viele noch mit Deutschland verbunden. Sie recherchieren in mühsamer Kleinarbeit die Geschichte ihrer Vorfahren und suchen in der Bundesrepublik nach Verwandten. Deutschen gegenüber betonen sie gern ihre »german roots« – die deutschen Wurzeln ihrer Abstammung.

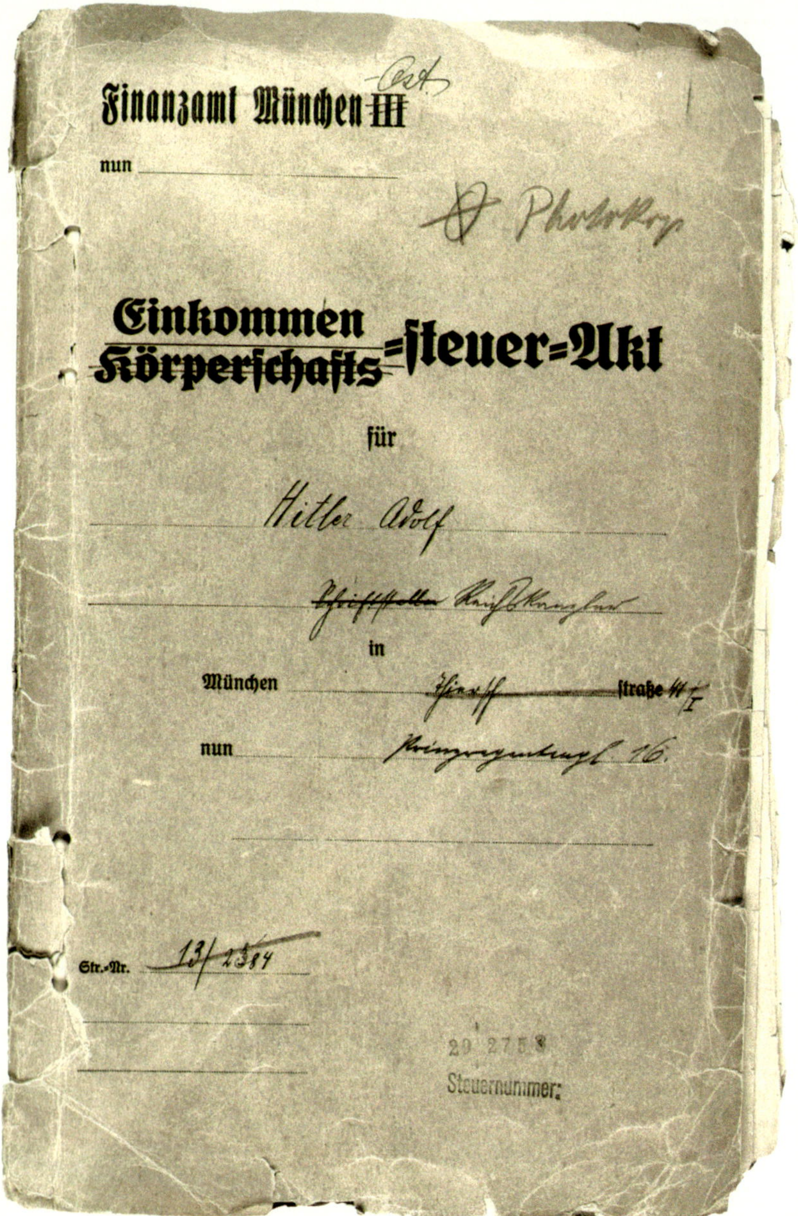
Finanzamt München ~~III~~ -Ost.

nun

~~Körperschafts~~ Einkommen=steuer=Akt

für

Hitler Adolf

~~Schriftsteller~~ Reichskanzler

in

München ~~Thiersch~~straße 41/I

nun Prinzregentenpl. 16.

Str.-Nr. ~~13/2384~~

29 2758
Steuernummer:

»Herr Hitler bittet um Stundung!«

Die seltsame Beziehung des »Führers« zum Finanzamt

Von Anna Maria Sigmund

Skandalös ist der Ton, in dem unsere Behörden mit dem Volk verkehren. Eine Vorladung oder ein Steuererklärungsvordruck, ja das ist eigentlich nichts als eine Beleidigung!«, ereiferte sich Adolf Hitler 1942, als ein gefälliges Finanzministerium den »Führer und Reichskanzler« in vorauseilendem Gehorsam schon längst von der Entrichtung jeglicher Steuern befreit hatte.

Der Umgangston der Behörden schien Hitler, dessen Diktatur die Bürger aller Rechte beraubt hatte, sehr wichtig. So wichtig, dass er im Januar 1942, mitten im Zweiten Weltkrieg und kurz nach der »Wannseekonferenz«, auf der man die »Endlösung der Judenfrage« beschlossen hatte, persönlich neue, höfliche Richtlinien für diverse Ämter entwarf. »Ich habe jetzt die ganzen Formulare unserer Vorladungen eingezogen«, brüstete er sich, »und angeordnet, dass an deren Stelle zunächst ein Schreiben etwa folgenden Wortlauts tritt: ›Ich bitte Sie im Auftrag des Polizeipräsidenten, dass Sie ... Sollten Sie nicht Zeit haben, dann bitte ich, mich schriftlich davon zu benachrichtigen.‹ Kommt der Vorgeladene nicht, so heißt es: ›Sie sind nicht gekommen, ich mache Sie darauf aufmerksam, dass Sie dazu verpflichtet sind ...‹«

Hitlers Solidarität mit den einfachen Steuerzahlern stammte aus der »Kampfzeit der Bewegung«, als das Finanzamt München III im Jahr 1921 ihm, dem damaligen »Propagandaleiter der NSDAP«, die Steuernummer 13/2584 zuteilte. Man forderte ihn, der zur Ausübung seiner Tätigkeit einen teuren Wagen der britischen Marke »Selve« fuhr, in rüdem Ton zur Offenlegung seiner Einkünfte auf. Hitler wies dann nach, dass ihm die Partei ein Dienstauto finanziere und er neben seiner Anstellung bei der NSDAP nichts verdiene.

Nach dem Putschversuch vom 8./9. November 1923 saß Hitler, nun der Ex-Vorsitzende der verbotenen NSDAP, in Untersuchungshaft. Sein Prozess und die Verurteilung zu einer fünfjährigen Festungsstrafe in Landsberg/Lech interessierten die Finanzbehörden nur insofern, als von dem Häftling längere Zeit keine zu versteuernden Einkünfte zu erwarten waren. Der zuständige Referent rüstete sich jedoch für die Zukunft und legte fürsorglich eine Akte an. Auf den Umschlag des Vormerkbogens schrieb er in verschnörkelter Handschrift: »Hitler Adolf – Schriftsteller. Zurzeit Gefangenenanstalt Landsberg.«

In der Feste Landsberg, die mehr einem Sanatorium als einem Gefängnis glich, konnte der Häftling unter idealen Bedingungen seine politischen Ziele definieren und diese zu Papier bringen. In den langen Mußestunden durchblätterte der offiziell vollkommen Mittellose genüsslich Autokataloge, empfing den mit der NSDAP sympathisierenden Münchner Vertreter der Firma Mercedes und bestellte bei ihm schließlich eine sündteure Luxuslimousine mit extravaganter Sonderausstattung. Bereits am 20. Dezember 1924 verließ Hitler, dem der Großteil der Strafe erlassen worden war, die Haftanstalt – in seinem Gepäck das fast fertige Manuskript von ›Mein Kampf‹.

Wieder in Freiheit, widmete sich Hitler der Neugründung und dem Wiederaufbau der NSDAP sowie der Herausgabe seines Buches. Ende Februar 1925 wurde auch der 26 000 Reichsmark (RM) teure Mercedes geliefert. »Richtig verliebt war ich in den Wagen«, erinnerte sich Hitler später. Da zum aufwändigen Lebensstil des Politikers ein Privatsekretär (Rudolf Heß mit 300 RM im Monat), ein Chauffeur (160 RM im Monat) sowie eine Hilfskraft (200 RM im Monat) gehörten, trat bald wieder das Finanzamt München III auf den Plan. Man forderte eine Vermögenssteuererklärung, die Hitler, der als Untermieter ein kleines Zimmer bewohnte, willig lieferte. Demnach bestand sein Vermögen Anfang 1925 aus einem Schreibtisch und zwei einfachen Regalen mit Büchern. Außerdem versicherte er in der Steuervoranmeldung für das erste Kalenderquartal 1925, weder aus seiner politischen noch aus seiner schriftstellerischen Tätigkeit Geld zu erhalten. Offiziell blieb ungeklärt, womit Hitler seinen Lebensunterhalt bestritt – inoffiziell lebte er von Zuwendungen reicher Gönner und Gönnerinnen.

„Offiziell blieb ungeklärt, womit Hitler seinen Lebensunterhalt bestritt.“

Auch für das zweite Kalenderquartal 1925 gab Hitler an, keine Einnahmen aus seiner schriftstellerischen Tätigkeit erzielt zu haben. Der Fiskus blieb unbeeindruckt, und nach dem 23. Juli 1925 flatterte dem

NS-Politiker ein Schreiben der wohl informierten Behörde ins Haus, in dem es heißt: »Nach Kenntnis des Finanzamtes haben Sie im Februar 1925 den Kraftwagen II A 6629 um 20 000 RM erworben. Sie werden ersucht, bald gefälligst mitzuteilen, woher die Mittel zum Ankauf des Personenwagens stammen.« In seinem Antwortschreiben appellierte Hitler an das Wohlwollen der Beamten. Mitleid heischend gab er an: »Ich konnte mir nach meiner Entlassung aus der Festung mein Leben nur ermöglichen durch die Aufnahme eines Bankdarlehens. Der Prozess hat mich in außerordentlich hohe Unkosten gestürzt. Mein Rechtsanwalt allein hat eine Forderung von 12 000 RM erhoben, von dem ich wenigstens einen Teil begleichen musste. Die Kosten des Gerichtsverfahrens betrugen ebenfalls über 1000 RM. Nur durch die Aufnahme des Darlehens … war es mir überhaupt möglich, an die Vollendung meines Buches zu gehen … auch der Kraftwagen ist für mich nur Mittel zum Zweck. Er allein macht mir heute die Bewältigung meiner Arbeit überhaupt möglich.«

„‚Der Prozess hat mich in außerordentlich hohe Unkosten gestürzt!‘“

Tatsächlich hatte Hitler einen Bankkredit in Höhe von 45 000 RM aufgenommen. Die Haftung, aber auch die Rückzahlung besorgte der reiche Klavierfabrikant und Förderer der NSDAP, Edwin Bechstein. Damals spendeten viele Parteianhänger: Ernst Hanfstaengl, der Besitzer des renommierten Kunstverlags Hanfstaengl, gab etwa die Summe von 1000 Dollar, die einem heutigen Kaufwert von rund 76 400 Euro entspricht. Im September 1925 meldete Hitler den Steuerbehörden, dass er sein Buch dem der NSDAP nahe stehenden Verlag Eher verkauft hatte: »Nachweislich der Bücher der Firma Franz Eher Nachf. Verlag in München habe ich erstmals am 4. August 25 eine Honorarvorschusszahlung (für ›Mein Kampf‹) von M [Mark] 5000 erhalten.« Der große Erfolg des im Juli 1925 mit einer Startauflage von 10 000 Exemplaren erschienenen Werkes bewog Hitler, im Herbst 1925 mit dem zweiten Teil von ›Mein Kampf‹ zu beginnen.

Den Schriftverkehr mit dem Fiskus, die Abgabe von Formularen, das monatliche Ausfüllen von Umsatzsteuererklärungen sowie die zu leistenden Voraus- und Nachzahlungen empfand der Chef der NSDAP mit den großen Plänen für das deutsche Volk als Zeitverschwendung. Welch absurder, lästiger und lächerlicher Kleinkram, mit dem man den »Führer« von seiner politischen Mission abhalten wollte! Hitler überließ daher diese Angelegenheiten seinem Freund, Chauffeur und Leiter der SA, Emil Maurice, den allerdings die für ihn fremden Steuersachen – er war gelernter Uhrmacher – überforderten. Nachdem er eine Frist zur Steuervoranmeldung versäumt hatte, musste sein Chef Strafe zahlen. »Gegen die Strafverfügung vom 8. IX. erhebe ich Widerspruch mit dem Ersuchen, diese Verfügung aufzuheben. Ich war jetzt monatelang von München abwesend und habe bei einem kurzen Hiersein vor einem Monat unter den Bergen von Post die Aufforderung des Finanzamts nicht vorgelegt erhalten«, rechtfertigte sich Hitler in seinem Schreiben, das einen Seitenhieb auf den säumigen Maurice enthält.

Ab Ende 1925 nahm dann die »Kanzlei Adolf Hitler« die Steuersachen des »Führers« wahr. Unter dieser hochtrabenden Bezeichnung verbarg sich der Privatsekretär Rudolf Heß, der in einem bescheidenen, von der Partei gemieteten Raum im Hinterhof des Hauses Schellingstraße 50 amtierte – der Zentrale der NSDAP. Manchmal wurde Heß von dem Juristen Dr. Hans Frank unterstützt, der die NSDAP in Rechtsangelegenheiten vertrat. Im Jahr 1925 erzielte Hitler, eigenen Angaben zufolge, aus seinem Buch einen Erlös von 11 231 RM. Davon machte er Abzüge in Höhe von 8 785 RM geltend: Schuldzinsen 2245 RM, 3 000 RM Rückzahlung eines Wechsels, 1 500 RM Reiseauslagen, 900 RM Gehalt des Privatsekretärs (anteilsmäßig), 540 RM Gehalt eines Kraftfahrers (anteilsmäßig) sowie 600 RM als Gehalt einer Hilfskraft (anteilsmäßig). Der zuständige Steuerbeamte erklärte jedoch, dass Schuldzinsen nicht abzugsfähig seien, anerkannte den Rest und setzte eine Steuervorauszahlung von 782,10 RM an. In der Begründung heißt es: »Seine Reisen macht der Steuerpflichtige hauptsächlich, um seine politischen Gedanken im Volk zu verbreiten und zur Erledigung von Parteiangelegenheiten. Auch seine Angestellten sind größtenteils mit Arbeiten dieser Art beschäftigt. Die hierfür gemachten Aufwendungen sind an und für sich keine Werbungskosten

„‚Seine Reisen macht der Steuerpflichtige hauptsächlich, um seine politischen Gedanken im Volk zu verbreiten …‘“

im Sinne des Einkommenssteuergesetzes. Da jedoch diese Tätigkeit gleichzeitig Material für seine schriftstellerischen Arbeiten liefert und einen großen Absatz seiner Bücher bewirkt, wurde die Hälfte der geltend gemachten Summe zugelassen.«

Nach Erhalt des Bescheids bat »Herr Hitler um Stundung und Ratenzahlung«. Dann diktierte er seinem Sekretär eine im Stil der Hitler-Reden gehaltene Erklärung, die zu einem leidenschaftlichen Plädoyer ausartete: »Meine Tätigkeit als Politiker kann von meiner Tätigkeit als Schriftsteller so wenig getrennt werden wie etwa die Reisen eines Reiseschriftstellers von seiner schriftstellerischen Tätigkeit. Nicht nur, dass die Einnahmen von M 11231 aus einem Werk stammen, das als politisches Werk zu betrachten ist, würde ich erstens ohne meine politische Tätigkeit nicht in der Lage sein, dieses Werk zu schreiben, und würde zweitens dieses Werk auch nicht annähernd im gleichen Umfange gekauft werden ... bei mir als politischem Schriftsteller kann man demnach die Kosten für meine politische Tätigkeit, die die Voraussetzung für meine schriftstellerische Leistung sowohl als deren finanziellen Erfolg ist, nicht als steuerpflichtig ansehen. Denn tatsächlich fahre ich in Deutschland nicht zur Befriedigung eines persönlichen Luxusbedürfnisses herum, genauso wie ich mir persönlich nicht einen Sekretär und eine Hilfskraft halten müsste ... ich habe besonders für meine Reisen den Kostenansatz niedriger genommen, als er in Wirklichkeit ist. Ich bin jederzeit gern bereit, eine eidesstattliche Erklärung über meine persönlichen Bedürfnisse und Aufwendungen abzugeben; das Finanzamt wird dann einsehen, dass ich aus ... den Erträgnissen meines Buches nur einen kleinsten Bruchteil für mich verwendet habe, nirgends ein Guthaben besitze oder eine sonstige Vermögensanlage mein Eigen nenne. Ich schränke meine persönlichen Bedürfnisse gezwungenerweise so weit ein, dass ich als vollständiger Antialkoholiker und Nichtraucher in den bescheidensten Gaststätten esse und außer meiner geringen Wohnungsmiete keinerlei Ausgaben besitze, die nicht eben auf das Konto des politischen Schriftstellers gingen. Ich führe dies deshalb hier an, damit das Finanzamt in meiner Darstellung nicht etwa den

»‚Ich schränke meine persönlichen Bedürfnisse gezwungenerweise so weit ein …‘«

Versuch einer Umgehung einer steuerlichen Verpflichtung sehen kann, sondern eine nüchterne Feststellung der Verhältnisse.«

Tatsächlich hat der Steuerzahler Hitler, zwischen dessen privatem und öffentlichem Leben fließende Übergänge herrschten, viele, manchmal bedeutende Zuwendungen seiner Anhänger einfach verschwiegen. So wurde auch die Transaktion vom September 1925, als Hitler seinen Freund Maurice in geheimer Mission nach Berlin schickte, nie der Münchner Finanzbehörde bekannt. »Du fährst nach Erhalt dieses Briefes sofort nach Berlin und begibst dich in die Johannisstraße 6 [Haus des Fabrikanten Bechstein]. Du sollst von dort ein Bild nach München bringen. Das Objekt ist von unendlichem Wert, und du trägst die persönliche Verantwortung für die tadellose Ausführung dieses Auftrages. Du darfst von Berlin nach München nicht in der Nacht fahren, auf keinen Fall schlafen und dich keine Minute von dem Objekt entfernen …«, heißt es in den Instruktionen, die Hitler seinem Vertrauten mitgab. Bei dem Bild handelte es sich um ein Werk von Jan Breughel dem Jüngeren, das Helene Bechstein, die Frau des reichen Klavierfabrikanten, Hitler überließ. Der Schätzwert des Gemäldes, das wohlbehalten nach München gelangte und vom Empfänger ohne Wissen des Finanzamts verwertet wurde, betrug immerhin 50 000 Reichsmark.

„Hitler genierte sich nicht – er nahm alles.“

Auch die üppigen Geschenke anderer Verehrerinnen für »Führer« und NSDAP spielten sich in einer fiskalischen Dunkelzone ab. »Lieber Herr Hitler«, schrieb die reiche Verlegersgattin Elsa Bruckmann. »Ich habe beiliegende Armbanduhr übrig. Wollen Sie sie nicht benützen … wollen Sie morgen oder Donnerstag kommen, um das eventuell für Sie Verwendbare anzuschauen an Möbeln etc.« Hitler genierte sich nicht – er nahm alles. Ein Bankbericht hielt fest, dass er als Sicherheit für ein Darlehen einen Smaragdanhänger mit Platin und Brillanten, einen Brillantring (Solitär), eine venezianische Relief-Spitze und eine rotseidene spanische Flügeldecke hinterlegte.

Regelmäßig versteuerte der »Führer der NSDAP« nur die – nicht zu verbergenden – Einkünfte aus dem Verkauf seiner Bücher, die reißenden Absatz fanden. Hitlers offizielles Einkommen wuchs demnach zwischen 1925 und 1933 stetig. In seiner – optimistischen – Steuererklärung für 1926 gab er Einkünfte in der Höhe von 15 903 RM an, wollte aber gleichzeitig 31 209 RM als Ausgaben berücksichtigt wissen, was das Finanzamt prompt ablehnte. Hitler jedoch deklarierte weiterhin beharrlich Ausgaben, die seine Einnahmen um ein Vielfaches überstiegen. Sein Finanzreferent wiederum reduzierte die überhöhte Spesenrechnung jedes Mal mit den gleichen Argumenten, worauf der »Führer« seinerseits um Stundung und Ratenzahlung bat. Pünktlich und ohne Murren entrichtete der religionsfeindliche NSDAP-Chef, der Zeit seines Lebens Mitglied der katholischen Kirche blieb, nur seine Kirchenumlage. Hitler verfolgte diese Taktik – mit kleinen Abweichungen – bis 1933 in jährlichem Rhythmus.

Nur der herablassend barsche Ton, in dem die Beamten die Schriftstücke verfassten, änderte sich, wobei der zunehmend höflichere Umgang der Finanzbehörde mit dem »politischen Schriftsteller« als Gradmesser für Hitlers kontinuierlichen Aufstieg zur Macht angesehen werden kann. 1927 versteuerte Hitler 11 494 RM, für 1928 fehlen die Angaben. 1929 weisen Hitlers Steuerakten Einkünfte in Höhe von 15 448 RM aus. Mit den 48 472 RM, die er in der Notzeit der Weltwirtschaftskrise 1930 aus dem Verkauf seines Buches erzielte, weckte Hitler das begehrliche Interesse des Finanzamts in Berchtesgaden, wo er seit dem 15. Oktober 1928 als Mieter eines Wochenendhauses auf dem Obersalzberg gemeldet war. Eilends suchte die Gemeindeverwaltung Salzberg in München um eine Zuteilung des prominenten Steuerzahlers nach. Der Bürgermeister von Berchtesgaden unterstützte den Antrag mit – wie er glaubte – gewichtigen Argumenten: Der Betrieb (das Sommerhaus) gehe auf Hitlers Namen, auch die dort gehaltenen Hunde würden auf seinen Namen versteuert! Das Finanzamt München III lud Hitler zur Einvernahme vor.

„‚Ausnahmsweise werden die festgesetzten Zuschläge erlassen'."

Nachdem dieser angegeben hatte, 1929 nur 28 Tage auf dem Obersalzberg verbracht zu haben, schmetterte man das Berchtesgadener Ansuchen ab: Wo der »Steuerpflichtige seine Hunde versteuere«, hätte »keine ausschlaggebende Bedeutung«! 1931 betrugen Hitlers offizielle Einnahmen 55 132 RM, wobei er die Frist zur Abgabe der Steuererklärung beträchtlich überzog. Selbstbewusst teilte er dem Finanzamt mit: »Wegen dauernder Abwesenheit von München (Wahlkampf) ist es mir nicht möglich, Termine einzuhalten.« Worauf der Steuerbeamte fast zaghaft antwortete: »Ausnahmsweise werden die festgesetzten Zuschläge erlassen.«

Am 30. Januar 1933 wurde Hitler von Reichspräsident Hindenburg zum deutschen Reichskanzler ernannt. Dies bewog den Präsidenten des Landesfinanzamtes Berlin zu der höflichen Anfrage, wo denn der Herr Reichskanzler seinen Hauptwohnsitz zu nehmen gedenke. In Berlin oder in München? Zu diesem Zeitpunkt hatte Hitler, dem sich Finanzquellen nach Belieben erschlossen, bereits jede Erörterung seiner Steuersachen in seiner Gegenwart strikt untersagt, seinen Adjutanten Julius Schaub mit der Erledigung der leidigen Angelegenheit betraut und mit entsprechenden Vollmachten ausgestattet. Es war daher Schaub, der den Münchner Behörden mitteilte, dass »der Führer« seinem alten Finanzamt, über das er sich häufig geärgert hatte, treu zu bleiben gedenke. 1933 versteuerte Schaub für Hitler, den diese Angelegenheit in keiner Weise mehr interessierte, die horrende Summe von 616 167 RM, von der, da »der Steuerpflichtige den Ledigenzuschlag« zu entrichten hatte, 281 600 RM an Steuern fällig wurden.

Schon im März 1933 verzichtete Hitler auf sein Gehalt als Reichskanzler zugunsten der Hinterbliebenen ermordeter SA- und SS-Männer. Mit dieser ungewöhnlichen Entscheidung schuf er – möglicherweise mit Absicht – einen Präzedenzfall, der große Konfusion unter den Finanzbeamten hervorrief. Nach eingehendem Studium der Vorschriften stellte sich nämlich heraus, dass ein Gehaltsverzicht auf Grund des Beamtenrechts nicht möglich sei. Verunsichert erbaten die Beamten eine Weisung des Finanzministers. Dieser entschied, dass das Gehalt – nach dem Abzug der üblichen Steuern – durch ein Kuratorium verteilt werden sollte.

Dieser Entscheid störte das Rechtsempfinden der Finanzbeamten. Voll Mitleid mit dem Steuerzahler Hitler, den sie jahrelang unerbittlich verfolgt hatten, verfassten sie eine Resolution, in der es heißt: »… bei der Höhe des Gesamteinkommens (inzwischen über 1 100 000 RM) ergibt sich infolge der hohen Progression eine bedeutende Einkommenssteuer, was eine unbillige Härte umso mehr bedeutet, als der Herr Reichskanzler seinen Bezug in hochherziger Weise zu wohltätigen Zwecken bestimmt hat.« Das letzte Schreiben des Münchner Finanzamts, Hitlers Umsatzsteuer für 1934 betreffend, stammt vom 20. Juli 1934. Es ist an Julius Schaub gerichtet, und der handschriftliche Entwurf dafür lautet: »Unter Bezugnahme auf Ihre persönliche

Rücksprache erlaube ich mir (ursprünglich und dann durchgestrichen: ersuche ich), Sie an die Abgabe der Umsatzsteuervorauszahlung … höflichst (ursprünglich: gefälligst) zu erinnern.«

Nach dem Tod des greisen Staatspräsidenten Paul von Hindenburg am 2. August 1934 schaffte Hitler das Amt des Reichspräsidenten ab und ließ sich als »Führer und Reichskanzler« zum deutschen Staatsoberhaupt ernennen. Die ihm verfassungsmäßig zustehenden Bezüge als Reichspräsident führte er der »Adolf-Hitler-Spende« zu. Ende 1934 setzte dann eine willfährige Finanzbehörde in vorauseilendem Gehorsam der zur Groteske gewordenen Steuerpflicht Hitlers ein Ende. Am 19. Dezember 1934 schrieb der Präsident des Landesfinanzamtes München an den Leiter des Finanzamtes München III: »Die Steuerangelegenheit des Führers habe ich mit dem Herrn Staatssekretär (Friedrich Reinhardt) mündlich besprochen … wir waren darin einig, dass die staatsrechtliche Stellung des Führers eine Steuerpflicht nicht verlangt und dass es eine staatspolitische Frage ist, ob und wieweit der Führer einem Steuerpflichtigen gleichgestellt werden kann … alle Steuerbescheide sind, soweit sie eine Pflicht des Führers begründen würden, von vornherein nichtig. Ich ersuche Sie daher, bis auf weitere Anweisung in der Angelegenheit nichts zu unternehmen, jedoch dafür Sorge zu tragen, dass die Akten unter Verschluss gehalten werden und die Steuern nicht als ausständig aufgeführt werden … der Führer ist damit steuerfrei!«

„‚… daß der Führer von der geplanten Steuerfreiheit in Kenntnis gesetzt würde'."

Das Katholische Kirchensteueramt in München verfolgte diese Vorgänge mit Sorge. Erfolglos versuchte man am 2. Januar 1935 vom Finanzamt zu erfahren, wie hoch »die fällige katholische Kirchenumlage 1933, 1934 der Herren 1) Reichskanzler und Führer Adolf Hitler 2) Reichsführer der SS Himmler 3) Stabschef der SA Lutze« sei. Anfang 1935 bat man Ludwig Mirre, den Präsidenten des Reichsfinanzhofs, dafür zu sorgen, »dass der Führer von der geplanten Steuerfreiheit in Kenntnis gesetzt würde, obwohl es dem Führer sicherlich gleichgültig sein werde, was sich bei seiner Steuerangelegenheit ereignet«. Am 25. Februar teilte Mirre mit, dass der »Führer« einverstanden sei. Hitlers Steuerakte wurde daraufhin aus dem Dienstbetrieb gezogen und unter Verschluss gehalten. Der »Führer« hat seine unangenehmen Erfahrungen mit dem Fiskus nie vergessen. Oft räsonierte er in seinen nächtlichen Tischgesprächen: »Die Steuerveranlagung baut sich heute auf lauter Begründungen auf. Früher gab man einen Zehent. Dazu sind jetzt zusätzliche Abgaben gekommen ohne Ende!« Selbst in den kritischen Phasen des Russlandfeldzugs sinnierte Hitler über Methoden zur gerechten Besteuerung nach, wobei er seine eigenen, längst vergangenen Probleme zu bewältigen suchte: »Nimmt man zur Unterlage den Status von 1941, so sagt man dem Steuerschuldner: Sie haben vergangenes Jahr soundso viel Steuern eingenommen. Sie liefern heuer genauso viel ab. Haben Sie heuer weniger eingenommen, dann melden Sie das; ist Ihre Einnahme größer, dann erhöht sich der Abgabesatz entsprechend; unterlassen Sie, die Steigerung Ihrer Einnahmen zu melden, so werden Sie rigoros bestraft. Wenn ich dem Finanzminister … das sage, dann heißt es nach einigem Überlegen: Mein Führer, Sie haben Recht! Ein halbes Jahr später ist alles vergessen …«

Nach Ende des Zweiten Weltkriegs beschlagnahmten die Amerikaner unzählige Finanzakten, in denen sie Aufschluss über die Transaktionen der Nationalsozialisten suchten. Lange blieb unbemerkt, dass sich unter der gewaltigen Materialfülle auch die bis zum Ende des NS-Regimes geheim gehaltene Steuerakte Hitlers befand. Deutsche Historiker, die damals keinen Zugang zu diesen Quellen hatten, nahmen daher an, dass treue Parteigenossen die »Steuerakte des Führers«, von der man sich Hinweise auf Hitlers Lebensstil erhoffte, zum Ende der NS-Zeit vernichtet hatten. Man stellte die Suche ein.

»Wie James Hale auf die Hitlerakte stieß, ist unbekannt.«

Land Commissioner Oron James Hale, der oberste Besatzungsoffizier Bayerns, war in seinem Zivilberuf Historiker. Wie er auf die Hitlerakte stieß, ist unbekannt. Auf jeden Fall wertete er das Material aus, fertigte sich Aufzeichnungen an und veröffentlichte diese in den USA (American Historical Review 60, 1952–1954). Während er seinen Artikel für den Druck vorbereitete, setzte er 1952 eine großzügige Geste: Er überreichte dem bayerischen Ministerpräsidenten Dr. Hans Ehard die Steuerakte Hitler. Der Forschung blieben die Unterlagen jedoch weiter verborgen. Sie blieben es bis zum Tod Dr. Ehards. Als sein persönlicher Nachlass im Jahre 1980 dem Bayerischen Hauptstaatsarchiv übergeben wurde, kam – gänzlich unvermutet – die Steuerakte Hitlers zum Vorschein.

Die Traumdeutung und Sigmund Freud

Ein Blick in unsere Seele

Von Ulrich Doenike

Tagelang schon hatte er gegrübelt. Die Atome des Benzols wollten und wollten sich nicht zu einer Struktur fügen, die seine vielen Eigenschaften erklärt hätte. Wie nur waren die kleinsten Teilchen im Benzol-Molekül angeordnet? Über dieser Frage nickte der große Chemiker Friedrich August Kekulé (1829–1896) eines Abends vor dem Kamin ein. Das Feuer knisterte, und irgendwann träumte er, wie die Atome Insekten gleich um ihn herumtanzten.

»Sie gaukelten vor meinen Augen«, erzählte Kekulé später. »Lange Reihen, vielfach dichter zusammengefügt; alles in Bewegung; schlangenartig sich windend und drehend. Und siehe, was war das? Eine der Schlangen erfasste den eigenen Schwanz, und höhnisch wirbelte das Gebilde vor meinen Augen. Wie durch einen Blitzstrahl erwachte ich und verbrachte den Rest der Nacht, um die Konsequenzen der Hypothese auszuarbeiten.«

Eine Schlange hatte sich in den Schwanz gebissen – und einen Ring geformt! Blitzartig erkannte Kekulé: Das war die Lösung: Die Atome des Benzols sind ringförmig angeordnet! Kekulé hatte seinen Traum richtig gedeutet und die Struktur des Benzol-Moleküls gefunden – vielleicht mithilfe eines Traumsymbols. Denn sicher kannte der Chemiker die mittelalterliche Alchemie. Nicht verwunderlich wäre also, wenn sich in seinen Traum ein magisches Zeichen eingeschlichen hätte: Ouroboros, die Schlange, die sich in den Schwanz beißt – als Ring ohne Anfang und Ende eine beliebte Allegorie für die sich wandelnde Materie.

Man schrieb das Jahr 1865. Die Wissenschaft strebte zu neuen Ufern. Traumforschung und Traumdeutung waren nicht sonderlich gefragt, Aufklärung und Skeptizismus hatten das gelehrte Interesse am Traum fast versiegen lassen. Für die Wissenschaftsauffassung des 19. Jahrhunderts galt Traumdeutung als Relikt des Volksglaubens. Jahrhundertelang hatte die Vorstellung, Träume erklären zu können, allein in Traumbüchern überlebt. Die wissenschaftliche »Traumdeutung« des Wiener Psychiaters Sigmund Freud sollte erst 35 Jahre später erscheinen.

Träume jedoch haben die Menschen wohl beschäftigt, seit sie sich ihrer bewusst wurden. »Sie waren ja etwas Unverständliches, oft Bedrohliches«, erklärt der Psychologe Adrian Gärtner aus Oberursel. »Angst, Krankheit, Tod, Hass, aber auch Liebe, Sexualität und Wünsche spiegelten sich in Träumen wider und beunruhigten die Menschen.« Und, so Gärtner, unsere Urahnen fragten irgendwann: »Wo kommen diese monströsen oder bezaubernden Bilder her?« Und sicher schloss sich bald die zweite Frage an: »Was bedeuten diese Erinnerungen aus den Tiefen des Schlafs? Wie kann man sie erklären?«

„Träume jedoch haben die Menschen wohl beschäftigt, seit sie sich ihrer bewusst wurden.“

Die Menschen der Vorzeit haben keine Zeugnisse hinterlassen. Erst in der Bibel werden Träume und Traumdeutungen beschrieben, überwiegend im Alten Testament. Bekanntester biblischer Traumdeuter ist Joseph, der Lieblingssohn Jakobs. Als er seinen Brüdern Träume erzählt, worin diese sich vor ihm verneigen, werden sie eifersüchtig und verkaufen ihn für zwanzig Silberstücke an die Ismaeliter, die ihn nach Ägypten bringen (1. Mose). Potifar, der Kämmerer des Pharaos, handelt ihnen den hebräischen Jüngling ab und macht ihn zu seinem Verwalter.

Wegen einer falschen Beschuldigung kommt Joseph ins Gefängnis, wo ihn zwei Mithäftlinge, der oberste Bäcker und der Mundschenk des Pharaos, um die Deutung ihrer Träume bitten. Mit dem Ergebnis ist zumindest der Mundschenk sehr zufrieden. Der Bäcker weniger: Ihm prophezeit Joseph den Tod am Galgen. Beides geht in Erfüllung: Der Mundschenk kommt frei, der Bäcker wird gehängt. Zwei Jahre später beschäftigen den Pharao zwei Träume, die niemand deuten kann. Sein Mundschenk erinnert sich an Joseph, der Pharao lässt ihn aus dem Gefängnis holen und erzählt ihm seinen Traum von den sieben mageren Kühen, die sieben andere, schöne fette Kühe aufgefressen hätten. Und in einem zweiten Traum hätten sieben dürre Ähren sieben dicke Ähren verschlungen.

»Die sieben schönen Kühe«, erklärt Joseph, »sind sieben Jahre und die sieben guten Ähren sind dieselben sieben Jahre. Sieben reiche Jahre werden kommen in ganz Ägyptenland. Und nach ihnen werden sieben Jahre des Hungers kommen.« Tatsächlich folgen sieben gute und sieben schlechte Ernten. Auf Josephs Rat legen die Ägypter in den reichen Jahren genügend Vorräte an – und überstehen die Hungersnot. Der Hebräer gelangt in Ägypten zu großem Wohlstand und Ansehen: Der Pharao, dessen Name in der Bibel nicht erwähnt wird, erhebt ihn zu seinem Stellvertreter. Offenbar hat es also unter seiner Herrschaft (wohl in der 13./14. Dynastie, 1794–1645 v. Chr.) bereits »Wahrsager und Weise« gegeben, die sich ebenfalls mit der Deutung von Träumen befassten.

Hinweise auf Träume und Traumdeutungen in Ägypten finden sich auf dem Fragment einer Papyrus-Rolle aus der 12. Dynastie (1976–1794 v. Chr.). Dieser so genannte Papyrus Chester Beatty, benannt nach seinem früheren Besitzer, wurde in Deir el-Medineh gefunden. Die »guten« Träume sind darauf mit schwarzer, die »schlechten« mit roter Farbe verzeichnet. Träume sind für die Ägypter Weisungen der Götter, die mehr sehen als der Mensch. Auch den Priestern vertraut man seine Träume an. Ihre Traumauslegungen werden überall im Land respektiert.

Als erstes vollständig erhaltenes Werk gilt ein assyrisches Traumbuch. Es wurde in Ninive ausgegraben und stammt aus der riesigen Tontafel-Bibliothek des Königs Assurbanipal (etwa 669–627 v. Chr.). Man nimmt jedoch an, dass die Chaldäer als Erste die Traumdeutung ernsthaft betrieben haben. Ihr Stamm hatte im südwestlichen Babylonien mehrere kleine Staaten gegründet. Der Name »Chaldäer« wurde bald auf alle Traumdeuter Babylons übertragen. Auch in der Bibel (Buch Daniel) erscheint er im Bericht über einen Traum König Nebukadnezars II. (605–562 v. Chr.). Träume sind göttlichen Ursprungs – diese Überzeugung findet sich in allen Kulturen. Die Menschen glauben an die wahrheitskündende Kraft der nächtlichen Botschaften. »Im Schlaf«, so der griechische Schriftsteller Xenophon (430–355 v. Chr.), »bekundet die Seele eindeutig ihre göttliche Natur. Im Schlaf wird ihr eine Art Einblick in die Zukunft gewährt, und das geschieht offenbar, weil sie im Schlaf vollkommen frei ist.«

„Man nimmt an, dass die Chaldäer als Erste die Traumdeutung ernsthaft betrieben haben.“

»Denn auch der Traum stammt von Gott«, verkündet Homer (um 750 v. Chr.) in seiner Ilias. Und in der Odyssee wird schon zwischen zukunftsweisenden und trügerischen oder zumindest bedeutungslosen Träumen unterschieden, die nur verwirren sollen. So seufzt Penelope, die Ehefrau des Odysseus: »Träume wahrlich, oh Fremder, sind unbegreiflich und unklar. Und nicht alles, was sie verkünden, geht in Erfüllung.« Sie beschreibt diese Erfahrung mit dem Bild zweier Pforten, aus denen die Träume zu den Schlafenden treten, eine aus Horn, die andere aus Elfenbein: »Die nun durch die Tür aus gesägtem Elfenbein kommen, die sind täuschender Trug mit unerfüllbaren Worten. Die aber aus geglättetem Horn hervorgehen, bringen Wahres zustande, wenn der Sterblichen einer sie wahrnimmt.«

Wie aber soll dieser entscheiden, ob ein Traum ihm eine glückliche Zukunft signalisieren wollte oder ob er das Opfer eines Phantoms geworden ist? Stellen sich viele Träume nicht wirr und absurd dar, voll unverständlicher Handlungen und Symbole? Da hilft nur der professionelle Traumdeuter, der die Überbleibsel des Schlafes verlässlich analysieren und auslegen kann. Der Bedarf an solchen Experten ist groß, besonders in Krisenzeiten. Und so erfreute sich die Branche der Traumdeuter im ganzen Altertum größter Beliebtheit.

„‚Traumdeuter' kann sich schließlich jedermann nennen."

Allerdings, unter die »seriösen« Profis mischen sich oft auch Scharlatane, die auf Marktplätzen und vor Tempeln, auf Volksfesten und bei Sport und Spiel ihre Dienste anbieten. »Traumdeuter« kann sich schließlich jedermann nennen. Diese »Landstreicher und Schwindler«, wie sie von der »vertrauenswürdigen« Konkurrenz beschimpft werden, wandern in den Weiten Griechenlands und Kleinasiens herum und suchen gutgläubige Kunden. Ihr Ansehen ist begrenzt, nicht jeder hat sein Auskommen. Der griechische Geschichtsschreiber Plutarch (ca. 50–125 n. Chr.) berichtet zum Beispiel von einem Enkel des berühmten athenischen Politikers Aristeides (530–467 v. Chr.), der als völlig verarmter Traumdeuter sein Leben fristete. Er saß tagaus, tagein am Iakchos-Tempel und ernährte sich mithilfe eines Traumbüchleins mehr schlecht als recht.

Seit dem 5. Jahrhundert v. Chr. finden die Heiligtümer des Gottes Asklepios großen Anklang bei Kranken, besonders das in Epidauros.

Während des »Tempelschlafs« im geweihten Abaton hoffen die Besucher auf göttliche Hilfe und einen Rat zu ihrer Krankheit. Asklepios (bei den Römern Aesculap) heilt im Traum, selbst Operationen führt er nachts durch. Anderen Patienten verordnet der Gott im Traum bestimmte Arzneien oder erlegt ihnen Heilkuren auf. In den meisten Fällen sind die Träume unverschlüsselt und klar zu verstehen; sie bedürfen keiner »professionellen« Deutung.

Traumbücher und Traumtafeln gab es Plutarch zufolge schon im 5. Jahrhundert v. Chr. Nach ihnen konnte man Prophezeiungen aus den Träumen einfach ablesen oder aus Bildern und Symbolen deuten. Cicero (106–43 v. Chr.) dagegen, der scharfzüngige Römer, wettert gegen die Traumdeuter. In seiner polemischen Schrift »De divinatione« (»Über die Weissagung«) fragt er spitz: »Warum bedarf es des Umweges und solcher krummen Wege, dass man Traumdeuter in Anspruch nehmen muss, anstatt dass der Gott uns, wollte er wirklich für uns sorgen, direkt sagte: ›Dies tu, dies tu nicht!‹ und uns diese Erscheinung lieber im Wachzustand als im Schlaf vermittelte?«

> **„Listige Zeitgenossen benutzen sogar bestimmte ‚Tricks'."**

Doch Cicero bleibt ein einsamer Rufer in der Wüste. Träume gelten auch im antiken Rom als Quelle der Wahrheit. Jeder Bürger Roms hatte die Pflicht, dem Senat solche Träume vorzutragen, die irgendwie mit dem Schicksal des Staates in Verbindung gebracht werden konnten. Später dann, in der Kaiserzeit, steht die Traumdeutung unter keinem guten Stern: Sie wird oft als politisches Machtinstrument missbraucht. So genannte Traumberater (comites somniorum) sind im Dienst des Imperators unterwegs, um als Spitzel die Bürger beim Erzählen ihrer Träume zu belauschen.

Das Volk wollte und will jedoch auch weiterhin von seinen Traumdeutern hören, was die Zukunft verspricht. Listige Zeitgenossen benutzen sogar bestimmte »Tricks«, um Unheil verkündende Träume gleichsam unschädlich zu machen: »Solche Träume«, berichtet der Psychologe Adrian Gärtner, »darf man entweder erst bei Sonnenlicht erzählen oder man führt ein Reinigungsritual durch, um ihre Wirkung zu stoppen. Und als letztes ›Gegenmittel‹ bleibt noch der Gang zum Tempel, um den Göttern zu opfern.«

Einer der berühmtesten seiner Zunft ist Aristandros von Telmessos, der Traum- und Vorzeichendeuter Alexanders des Großen (356–323 v. Chr.). Im Jahr 332 v. Chr. belagert Alexander mit seinem Heer monatelang die mächtige phönizische Festung Tyros. Im Traum erscheint ihm ein bocksbeiniger Satyr (griechisch satyros), der auf seinem Schild tanzt. Am nächsten Morgen schildert der König diese Szene seinem Traumdeuter. Dieser findet nach langem Nachdenken eine Erklärung: Man müsse den Namen des tanzenden Gesellen nur richtig zergliedern, nämlich in »sa Tyros« – »dein Tyros«. Es heiße nichts anderes als »Dein (wird) Tyros (sein)«! Das leuchtet Alexander ein. Er wertet den Traum als göttlichen Fingerzeig, belagert Tyros weiter – und erobert die Festung.

Neben ihrer eigenen Routine standen den Traumdeutern der Antike natürlich zunächst die Erfahrungen vieler Generationen von Vorgängern zur Verfügung. Sie fanden sich in Lehrbüchern, die meist einen systematisch aufgebauten Fundus an Traummotiven bereithielten. Diese Bücher sind bis auf eines dem Zahn der Zeit zum Opfer gefallen.

Nur das fünfbändige Werk Oneirokritiká (Traumdeutung) des Artemidoros von Daldis (ca. 135–200 n. Chr.) ist erhalten geblieben. Darin ordnet er rund 1400 Traumerscheinungen nach klaren Kategorien. Zum Beispiel: Geburt und Tod, Körper und Körperteile, Geschlechtsverkehr, Kleidung, Nahrung, Freizeit, Götter und Götterverehrung – eine gute Hilfe, um morgens rasch »fündig« zu werden. Artemidoros wendet sich an alle sozialen Schichten, bietet jedem seine Interpretation. So bei Inzest-Träumen, von denen die Menschen der Antike offenbar recht häufig heimgesucht werden. Artemidoros widmet dem Thema ein ganzes Kapitel. Er meint, dass es »die verschiedenen Arten der Vereinigung und Körperstellungen sind, die verschiedene Ausgänge (der Deutung) bewirken«. Zum Beispiel kommt es darauf an, ob im Traum ein Verkehr mit der lebenden oder mit der toten Mutter erfolgt, ob der Vater noch lebt oder auch verstorben ist, ob der Träumer Handwerker oder Politiker, krank oder gesund ist, ob er in der Fremde lebt oder zu Hause.

„Am schlimmsten ist Fellatio …“

Zu den weiteren Aspekten, die berücksichtigt werden müssen, zählen auch die Kontaktformen des geträumten Verkehrs: Liegt die Mutter unten (das sei artgemäß) oder oben (das ist zügellos). Oder wendet sie dem Träumer den Rücken zu, dann droht ihm die Abwendung aller Landsleute oder die Aufgabe seines Handwerks. Ein übles Vorzeichen ist es, wenn man stehend mit der Mutter verkehrt. Es bedeutet schwere Bedrängnis. Am schlimmsten ist Fellatio. Sie führt zu allen nur denkbaren Verlusten: Tod der Kinder, Verlust von Hab und Gut. »Ich kenne jemand«, warnt Artemidoros, »der nach diesem Traumgesicht sein Geschlechtsglied verloren hat.«

Der Grieche unterscheidet zwei Arten von Träumen: solche, die unverschlüsselt unmittelbar die Zukunft voraussagen, die keiner großen Auslegekunst bedürfen, weil sie auch der Träumer versteht. Allegorische (bildhafte) Träume dagegen verlangen geradezu nach Entschlüsselung. Wobei Artemidoros sich der Mehrdeutigkeit vieler Symbole wohl bewusst ist. Dieses Werk gehört zu seiner Zeit sicher zur Pflichtlektüre aller Traumdeuter. Es wird immer wieder abgeschrieben und in viele Sprachen übersetzt. Im 9. Jahrhundert n. Chr. erscheinen die Oneirokritiká auch in Arabisch. Damals steht die Traumdeutung bei den Arabern in voller Blüte. Sie lebt sowohl aus der griechischen als auch aus der babylonisch-assyrischen Tradition.

„Für den Propheten spielten Träume eine wichtige Rolle.“

Aus vorislamischer Zeit kennt man Wahrsager, »kahin«, die in Reimprosa Träume deuteten. Ihre Techniken werden auch in die islamische Wahrsagekunst übernommen. Deren bedeutendster Vertreter ist der 728 n. Chr. verstorbene Ibn Sirin. Unzählige Interpretationen werden ihm in den Mund gelegt, selbst Geschichten, die nicht mehr zu seinen Lebzeiten spielen. Sein Name steht im Orient für Traumdeutung schlechthin. Ein Traumbuch von ihm ist erhalten geblieben.

Nach traditioneller islamischer Ansicht wurde Adam die Kunde der Traumdeutung von Gott selbst gegeben. Über Adams Sohn Seth und die Propheten erreichte sie Mohammed (um 570–632 n. Chr.) und dann die vertrauenswürdigen Interpreten. Für den Propheten spielten Träume eine wichtige Rolle. Jeden Morgen nach dem Gebet fragte er seine Gefährten, wer von ihnen etwas geträumt habe. Dann legte er ihnen die Träume aus. Mohammed empfing die Offenbarung übrigens am Tage. Daher gelten Träume, die man tagsüber hat, in der Regel als wahr.

Die zentrale Traumgeschichte im Koran (Sure 12) gleicht dem biblischen Schicksal Josephs. Yusuf (Joseph) wird durch die Gnade des Herrn zum Traumdeuter, der später auch die Träume seiner Mitgefangenen und des Pharaos richtig deutet. Kein Wunder, dass sich die Muslime von Anfang an für Traumdeutung interessierten. Wie verbreitet diese Kunst im Mittelalter war, verrät eine arabische Schrift aus dem Jahr 1006 n. Chr. Sie berichtet von rund 11 750 Autoren, die über Traumdeutung geschrieben haben sollen. Traumbücher gibt es auch in den zentralasiatischen Sprachen, sei es Usbekisch oder Baschkirisch; selbst aus Hunza im Karakorum ist ein Traumbuch der dortigen Ismailis erhalten. Sowohl der türkische Sultan Murad III. (1546–1595) als auch der südindische Sultan Tipu von Mysore, der 1799 im Kampf gegen die Briten fiel, haben ein Traumbuch hinterlassen.

Einem Traum verdankt die christliche Kirche – der Legende zufolge – ihre Anerkennung im Römischen Reich: In der Nacht zum 28. Oktober 312 n. Chr. mahnt eine Stimme Kaiser Konstantin (280–337 n. Chr.), »das himmlische Zeichen Gottes auf den Schilden seiner Soldaten anzubringen und so die Schlacht zu beginnen«, berichtet der Kirchenhistoriker Eusebios von Caesarea. Konstantin befolgt die göttliche Weisung und lässt ein Kreuz auf die Schilde seiner Legionäre malen. So gerüstet, greift das Heer zu den Waffen – und besiegt an der Milvischen Brücke bei Rom die Armee von Konstantins Schwager Maxentius.

„‚Spricht jemand im Traum Ketzereien aus, so sollen die Inquisitoren seine Lebensführung untersuchen …‘“

An die Stelle der griechischen oder römischen Götter als Urheber der Träume tritt nun der christliche Gott, die Engel oder der Teufel. »Die Kunst der Zukunftsdeutung«, sagt Adrian Gärtner, »wird aufgegeben zugunsten der christlichen Heilslehre. Und der Inhalt von Träumen, die ja auch Heilige gehabt haben, wird nun als Beweis für diese Heilslehre ausgelegt.« Andererseits fußt die Hexenverfolgung ab dem Ende des 15. Jahrhunderts auch auf einseitig dämonisch ausgelegten Träumen von Frauen. Hunderttausende von verbrannten und gefolterten »Hexen« sind die Folge dieser christlichen »Traumdeutungen«. In einem Traktat des Heiligen Offiziums der Inquisition von 1659 ist zu lesen: »Spricht jemand im Traum Ketzereien aus, so sollen die Inquisitoren seine Lebensführung untersuchen, denn im Schlafe pflegt das wiederzukommen, was untertags jemand beschäftigt hat.«

Das Werk des Artemidoros jedenfalls überlebt sämtliche Epochen. Noch zur Zeit der Aufklärung schreiben die Verfasser von Traumbüchern von ihm ab. Ihre Werke erscheinen meist unter fantastischen Titeln und sollen den Anschein großer Autorität und ehrwürdigen Alters erwecken. Etwa »Der ächte ägyptische Traum-Deuter« oder »Neues vollständiges und größtes egyptisches Traumbuch, nach den besten Quellen bearbeitet von Nostradamus«. Zedlers Lexikon, die umfangreichste Enzyklopädie des 18. Jahrhunderts, schreibt diese Bücher »den gemeinen Leuten« zu, die sich »das Oracul sagen und propheceyen lassen wollen, was ihnen solcher gehabter Traum wohl bedeuten möchte«.

Hochkonjunktur an »Traumbüchern« herrscht auch im 20. Jahrhundert. Vom »Arabisch-ägyptisch-chinesischen Traumbuch Arach« (1959) über das »Echte Zigeuner-Traumbuch« von Arya Sumatry (Freiburg 1961) bis zum »Goldenen ägyptisch-arabischen Traumbuch – nach alten Quellen und neuen Erkenntnissen« von Abu Schirin (1999) beruhen alle auf »uralten Quellen und Erfahrungen«, wie die Verfasser beteuern.

Die Psychologen des 19. Jahrhunderts tun sich schwer mit der Erforschung von Traumerscheinungen. Das Träumen ist, so der Philosoph Gustav Theodor Fechner (1801–1887), »als ob die psychologische Tätigkeit aus dem Gehirne eines Vernünftigen in das eines Narren übersiedelt«. Fechner vermutet, dass der »Schauplatz der Träume« ein anderer ist als der des wachen Vorstellungslebens. Eine Vermutung, die Sigmund Freud später aufgreift: Er verlegt die Traumarbeit in ein besonderes System des von ihm konstruierten »seelischen Apparates«.

Der Wiener Nervenarzt (1856–1939) begründet zu Beginn des 20. Jahrhunderts die psychoanalytische Form der Traumentschlüsselung. Im Jahr 1900 erscheint sein Werk ›Die Traumdeutung‹. Träume sind für Freud der »Königsweg« ins Unbewusste. »Jeder Traum«, meint er, »ist die (verkleidete) Erfüllung eines (unterdrückten, verdrängten) Wunsches.« Er entdeckt, dass im Traum vor allem sexuelle Wünsche aus dem Unbewussten gehoben werden. Doch diese Traumdeutung muss man vor dem soziologisch-kulturellen Hintergrund des ausgehenden 19. Jahrhunderts verstehen. Alles, was mit Sexualität, Erotik, Liebe und Gefühl zu tun hatte, wurde von der herrschenden

Scheinmoral in das Reich des Unbewussten verdrängt. Man schämte sich zuzugeben, dass man Unterhosen trug. Natürlich spiegelte sich dieses »viktorianische Zeitalter« in den Träumen. Schon dadurch unterschieden sie sich von den Träumen heutiger Menschen. Die Schüler und späteren Gegner Freuds, Alfred Adler in Wien und Carl Gustav Jung in Zürich, entwickelten andere Wege der analytischen Psychologie und damit der Traumdeutung. Zahlreiche Wissenschaftler haben danach die Psychoanalyse Freuds neu interpretiert, verändert und »modernisiert«. Schließlich hieß es sogar: »Freud ist tot!«

„Jeder Traum ist die (verkleidete) Erfüllung eines (unterdrückten, verdrängten) Wunsches.“

Doch die Erkenntnisse der modernen Neurowissenschaften verschaffen Sigmund Freud eine späte Genugtuung. Der Londoner Psychoanalytiker Mark Solms hat sie zum 100. Jahrestag der Freudschen ›Traumdeutung‹ so zusammengefasst: »Der derzeitige Forschungsstand gibt uns allen Grund, Freuds radikale Hypothese ernst zu nehmen, nämlich dass Träume motivierte Phänomene und ihre Triebkraft Wünsche sind. Auch eine weitere Annahme Freuds findet unerwartete Bestätigung, nämlich, dass Träume eine Reaktion auf etwas seien, das den Schlafzustand stört.« Und: »Die wesentlichen … Schlussfolgerungen Freuds hinsichtlich der Ursachen und der Funktion des Träumens sind alle mit dem heutigen empirischen Forschungsstand der Neurowissenschaften zumindest vereinbar, ja sie werden von dieser Seite her sogar indirekt bestätigt.«

Eines sollten traumgläubige Zeitgenossen allerdings bedenken: »Es ist nicht hilfreich«, meint der Bonner Neurophysiologe Detlev Linke, »wie in der Antike aus Träumen die Zukunft bestimmen zu wollen oder sich durch die Traumdeutung seelisch führen zu lassen und unser ganzes Leben nach ihnen auszurichten.« Betrachten wir also die »Traumbücher« der Gegenwart als (vielleicht) spannende Unterhaltung. Das Dunkel der Zukunft erhellen sie nicht.

Bildnachweis

S. 10: Höhlenmalerei (Ausschnitt) Höhle von Lascaux © Bildagentur Corbis, Düsseldorf

S. 20: Echnaton, Kolossalstatue Karnak © akg-images GmbH, Berlin

S. 32: Jacob Jordaens (1593-1678), Die vier Evangelisten (Ausschnitt) © akg-images GmbH, Berlin

S. 42: Szene aus dem Film ›Spartacus‹ (USA 1959/60) mit Kirk Douglas © akg-images GmbH, Berlin

S. 52: »Galliergruppe Ludovisi« (ca. 220 v. Chr.) © akg-images GmbH, Berlin

S. 62: Hildegard von Bingen und Volmar, ›Liber Scivias, Visio I, 1, Kopie des Rupertsberger Kodex‹ © Abtei St. Hildegard, Eibingen

S. 72: Grabplatte Otto von Bodenlauben und Beatrix von Courtenay © Bischöfliches Dom- und Diözesanmuseum, Mainz

S. 82: Franck Craig (1874–1918) ›Die Jungfrau von Orleans an der Spitze ihres Heeres‹ (Ausschnitt) © akg-images gmbH, Berlin

S. 92: Lucas Kilian (1579–1637), ›Eygenliche Contrafactur Deß Sinreichen und weitberühmbten Hansen Sachssens‹, Kupferstich nach einem zeitgenössischen Bild © akg-images GmbH, Berlin

S. 102: Salvador Dalí, ›Don Quijote‹ © Foundation Salvador Dalí/VG Bild-Kunst, Bonn 2005. Vorlage: agk-images GmbH, Berlin

S.112: Szene aus dem Film ›Amadeus‹ (USA 1984) mit Tom Hulce als Mozart und Elizabeth Berridge als Constanze © Interfoto Pressebild Agentur, München

S. 124: Gaston Camillo Lenthe (1805–1860), ›Die Auswanderer‹ (Ausschnitt) © akg-images GmbH, Berlin

S. 134: Steuerakte Adolf Hitler © Staatsarchiv München

S. 146: Albrecht Dürer (1471–1528), ›Der Traum‹ (Die Versuchung; Der Traum des Doktors) © akg-images GmbH, Berlin

»Ein Muss für jeden Geschichtsfan!«
Leserstimme bei Amazon

Als Pharao Ramses gegen die Hethiter zog
Geschichten zur Geschichte
Ein P. M. History-Buch

Herausgegeben von
Ernst Deissinger und Sascha Priester

ISBN 3-423-**34147**-5

›P. M. History‹ ist die erfolgreichste Publikumszeitschrift für historisch interessierte Leser. Die besten Artikel aus der Zeitschrift werden in den dtv-Ausgaben versammelt. Die Autoren der Beiträge verstehen es hervorragend, auf der Basis seriösen Faktenwissens Geschichten zur Geschichte zu erzählen.

Historische Ereignisse, Biografie und Lebenswerk einer historischen Persönlichkeit werden nicht mit akademischem Abstand, sondern aus einer menschlichen Perspektive dargestellt. Was bewegte die Menschen, wie war ihr Alltag, wie haben sie als Zeitgenossen geschichtliche Umwälzungen erlebt? Auf der Basis aktueller historischer Erkenntnisse wird die Vergangenheit mit Leben erfüllt.

In dem vorliegenden Buch geht es unter anderem »um die sonderbaren militärischen Verwicklungen der altägyptischen Pharaonen, um deutsche Frühkapitalisten auf Goldsuchertrip in Südamerika und die wundersamen Abenteuer des Barons Münchhausen aus Bodenwerder an der Weser. Und alles im schönen Gleichgewicht von griffiger Information und eingängiger Leseunterhaltung.«
Hannoversche Allgemeine